LA LUNA ESTÁ EN DUALA

SANI LADAN

La luna está en Duala

Y mi destino en el conocimiento

Papel certificado por el Forest Stewardship Council®

Primera edición: febrero de 2023

© 2023, Sani Ladan
Representado por la Agencia Literaria Dos Passos
© 2023, Penguin Random House Grupo Editorial, S. A. U.
Travessera de Gràcia, 47-49. 08021 Barcelona

Printed in Spain – Impreso en España

ISBN: 978-84-01-03117-5
Depósito legal: B-21.598-2022

Compuesto en Pleca Digital, S. L. U.

Impreso en Romanyà Valls, S. A.
La Torre de Claramunt (Barcelona)

L031175

A mis padres, Moussa Ladan y Hannatu Nassourou.

A mi familia de Camerún.

A mis familias de Córdoba.

A José Ángel Costa.

A mis familias del camino, de la lucha.

A pesar de todo, esta aventura mereció la pena gracias a vosotras.

Cada generación, dentro de una relativa opacidad, tiene que descubrir su misión, cumplirla o traicionarla.

Frantz Fanon, *Los condenados de la tierra*

La educación es el arma más poderosa que se puede utilizar para cambiar el mundo.

Nelson Rolihlahla Mandela

No tendría sentido denunciar las injusticias y arbitrariedades del sistema colonial si no se organizan acciones para acabar con él.

Ruben Um Nyobé

Somos una sociedad que ha olvidado la experiencia del llanto. La ilusión por lo insignificante, por lo provisional, nos lleva hacia la indiferencia hacia los otros, nos lleva a la globalización de la indiferencia.

Papa Francisco

Índice

Silencio…

Antes de iniciar la lectura, te invito a guardar silencio, el tiempo que sea necesario, para conectar, desde la conciencia, con todo lo que compartiré contigo a continuación.

Traslada tus pensamientos, solo un momento, hacia las víctimas de las fronteras de todo el mundo. Asimismo, te ruego que mandes fuerza a todas aquellas personas que, en estos instantes, están iniciando su proceso migratorio, también a las que ya se encuentran de camino, en la más absoluta soledad, lejos de sus seres queridos y de sus tierras, porque se vieron obligadas, o por la necesidad de mejorar sus vidas.

La mejor época de mi vida

Mi infancia no se entendería sin el ambiente familiar, la ciudad y el barrio en los que crecí. Mi padre, Moussa Ladan, pertenece a dos etnias, árabe *shuwa*[1] y pular o fulani.[2] Es imán y hombre de negocios, originario de Garoua, al norte de Camerún. Sus padres se mudaron varias veces —eran ganaderos nómadas— antes de establecerse definitivamente en la zona anglófona[3] de Camerún. Pasó toda su infancia y adolescencia en esa región del país. No he conocido a nadie más espiritual, reflexivo y en constante aprendizaje que él. En caso de litigios en mi barrio, la gente acudía siempre a mi casa para que mi padre mediara, antes de llevarlo, si hacía falta, ante las autoridades judiciales de la administración pública.

1. Los árabes *shuwa*, también conocidos como árabes mestizos o *hassawuna*, son un pueblo beduino nómada que vive en África, en el área que va desde el lago Chad hasta el río Nilo, en algunos estados de Sudán, Níger, Chad, Camerún, Nigeria y la República Centroafricana.
2. Los fulanis pertenecen a un pueblo nómada que vive en África Occidental y Central, la mayoría en el Sahel.
3. Regiones del noroeste y sudoeste de Camerún que estuvieron bajo control británico como mandato de la Sociedad de Naciones y luego como fideicomiso de la ONU, respectivamente.

Mi madre, Hannatu, de las etnias hausa y fulani, es comerciante y maestra. Nació en Bamenda, al noroeste de Camerún, región donde conoció a mi padre antes de decidir migrar a Duala en busca de oportunidades, como tantos jóvenes de aquella época. Se instalaron en New Bell, un barrio muy popular de la ciudad. Es una mujer sabia, con muchas inquietudes sociales que nos fue transmitiendo poco a poco. Su forma de educar se basa en la escucha: siempre le ha gustado darnos la palabra y la posibilidad de expresarnos. Eso sí, cuando nos quería reprochar algo, le bastaba con mirarnos de reojo con el ceño fruncido, una mirada muy suya y particular con la que entendíamos que algo estábamos haciendo mal. Para las cosas más graves, se inclinaba y cogía la chancla con la mano mientras que con la boca hacía un ruido que sonaba como «tchuiiip», y nos la lanzaba esperando que la cogiéramos para devolvérsela.

Me crie en ese ambiente familiar, con una relación muy cercana con mis padres y mis hermanos. En mi casa no había temas tabú, todos se podían abordar. Mi padre siempre le da un aire solemne a las conversaciones y trata los asuntos con profundidad y reflexión. Mi madre utiliza muchos proverbios y dichos, siempre en tono de broma, para conducirnos hacia cualquier tema de conversación.

Nací en Duala, ciudad situada en las costas del océano Atlántico, al fondo del golfo de Guinea, en la desembocadura del río Wouri. Es la capital económica de Camerún, el principal centro de negocios y la metrópoli más grande del país. Con sus tres millones de habitantes,[4] es una ciudad mosaica

4. World population Review, «Duala population 2022», consultado el 23 noviembre del 2022 en https://worldpopulationreview.com/world-cities/douala-population.

donde conviven los diferentes grupos étnicos que conforman Camerún. Lejos de los ruidos y las grandes aglomeraciones, mis padres y un grupo de amigos decidieron instalarse a las afueras, en un sitio que se convertiría en lo que se conoce hoy como barrio PK10. Los árboles de mangos en cada rincón son su seña de identidad y la particularidad del paisaje; además proveen de sombra a la barriada. En la calle principal se encuentra mi casa, justo enfrente de la única mezquita de la zona, que no pasa desapercibida por su llamativo color azul y su gran portal, siempre abierto, con un timbre en una de las esquinas que apenas se utiliza. Mi casa, como todas las demás, estaba prácticamente abierta todo del día. En ese rincón de África se dibujan mis mejores recuerdos, mi infancia.

Junto a mis amigos, jugaba en las calles sin la supervisión de ningún adulto, en absoluta libertad. Los días nublados, en cuanto empezaba a chispear, lanzábamos señales, íbamos de una casa a otra, nos llamábamos todos para salir y disfrutar bajo la lluvia. Ese método era eficaz porque una vez empezaba a llover, nuestros padres no nos dejaban salir por miedo a que nos resfriáramos. Todas las tardes íbamos a jugar al fútbol en la calle principal, donde poníamos dos piedras, una en cada esquina, como portería. Éramos muy competitivos, y respetuosos a la vez, con las reglas de juego que poníamos a nuestra manera, todo sin necesidad de árbitros. Los partidos solo se paraban cuando alguien pasaba por la calle, o cuando la pelota caía en casa de algún vecino. Después de los partidos, cada uno iba a ducharse a su casa y nos citábamos, por la noche, en el *zaure*.[5] Era el momento sagrado del

5. Punto de encuentro informal, para pasar el rato entre amigos compartiendo, generalmente, un té.

día, porque nuestras mejores charlas y tertulias se producían en ese céntrico lugar del barrio, alrededor de un té. Cada uno traía algún ingrediente para la infusión o un dulce para compartir. Todos nuestros sueños, miedos y secretos se contaban allí, porque era como una especie de confesionario juvenil.

Mis amigos sabían que yo quería ser periodista, siguiendo el ejemplo y los pasos de mi hermano mayor y referente, Bachir —periodista en *Afrique Média*—. De pequeño me gustaba mucho hablar en público. De hecho, en mi colegio, desde los siete años, pronunciaba el discurso de apertura de las fiestas de fin de curso. Sin embargo, contaba siempre a mis amigos el miedo que tenía de no realizar el sueño de licenciarme, teniendo en cuenta la situación del país, donde, en aquel momento, no se valoraban mucho los estudios y el Estado invertía muy poco en educación. Esta fue una de mis mayores inquietudes durante la infancia.

Me crie en el seno de una familia musulmana, en un barrio de mayoría cristiana donde convivíamos más de quince etnias distintas. Nuestras lenguas comunes eran el francés, el inglés o el *camfranglais*[6] —utilizado, sobre todo, entre los jóvenes—, aunque cada uno hablaba un mínimo de tres lenguas de las doscientas cuarenta y dos que tiene el país. En ese mosaico étnico cultural, el respeto era fundamental, uno de los valores que formaba parte de la educación que nos transmitían nuestros progenitores en casa. Mis padres le dieron mucha importancia tanto a la educación reglada, en cuanto a formación, como a la educación en valores y ética, sin descui-

---

6. Jerga camerunesa basada en los idiomas francés, inglés y algunos otros de Camerún.

dar la parte espiritual y la fe. Mi relación con esta última fue simplemente de aprendizaje, siguiendo lo que ellos hacían en sus prácticas religiosas. Tomé conciencia de mi relación con la fe durante mi proceso migratorio, donde cada etapa fortalecía, cada vez más, mi espiritualidad. Desde pequeño, iba a la madrasa[7] donde aprendía árabe, a leer el Corán y otras asignaturas acerca del islam. Además, mis padres me inscribieron en un colegio católico, cerca de casa, donde iban la mayoría de los niños de mi barrio. En ese centro pasé mis años de infantil y primaria antes de ingresar en el liceo.[8] Para mis padres era muy importante criar a sus hijos en un ambiente de respeto, acercándolos a lo que era común y mayoritario en mi barrio —el cristianismo—, aun siendo nosotros musulmanes. Esa educación sigue definiendo mi forma de ser y cómo me relaciono con «lo diferente».

En quinto de primaria, mi maestra propuso a mis padres adelantarme un curso por mi buen rendimiento académico, para que pudiera obtener el Certificado de Educación Primaria (CEP)[9] con el fin de acceder al liceo. Recuerdo que ellos no estaban de acuerdo con la propuesta y mi maestra tuvo que insistir hasta que acabaron cediendo. Estuve preparando ese examen durante todo el curso, yendo a clase, incluso los sábados. Había más candidatos que plazas ofertadas porque el liceo al que aspiraba era público y tenía mucho prestigio.

---

7. Escuela islámica para aprender a leer el Corán y los Ḥadīth.

8. En España es el equivalente al instituto de enseñanza secundaria.

9. El CEP es una reválida para conseguir un diploma que confirma el final de la educación primaria y, por lo tanto, da acceso al liceo y asegura la adquisición de conocimientos básicos.

La noche anterior al día del examen, después de mis últimos repasos, me fui a la cama para descansar, pero no pude dormir porque estaba muy estresado. Miraba el reloj de la pared y se me hacía eterno el movimiento de las agujas. A las cinco de la madrugada llamaron a la oración y me fui a la mezquita. De vuelta en casa, mi madre me ayudó a prepararme y, como las bendiciones de los padres son muy importantes en mi cultura, ellos, con un beso en la frente, me las dieron, para exponer con claridad todo lo estudiado en los últimos días. Llegué al lugar del examen y tenía que buscar la clase donde me tocaba realizarlo. Había un caos total, mucha gente buscando sus aulas y, al final, un compañero identificó la que nos correspondía por las iniciales de nuestros apellidos. Yo era el más pequeño, y eso me ponía más nervioso todavía. Una vez pasada la lista, se entregaron los exámenes, y en la sala reinó un silencio que solo rompía el ruido de los folios mientras los repartían por las mesas. Después de la primera prueba, los nervios fueron disminuyendo hasta el tercer y último día. Al final de las pruebas, estaba satisfecho de mi rendimiento, pero aún tenía que esperar los resultados.

Dos semanas después, mis padres pusieron la radio para seguirlos. Las notas de los exámenes oficiales se anunciaban a través de la Radio Nacional. Todos estaban muy atentos, y cuando escucharon mi nombre se desataron la emoción y la alegría. Yo estaba jugando al fútbol con mis amigos cuando mi hermano me anunció que había conseguido el certificado. Aquel día, mi casa rebosaba de felicidad en la reunión que montó mi familia con amigos. Conseguí la plaza en el liceo de la Cité des Palmiers, donde estudié tres años con un buen rendimiento. Sin embargo, había días en los que, en vez de ir a clase, nos escapábamos a casa de un amigo a jugar a videojuegos o al fútbol. Mis padres no sospechaban nada, porque llevaba buenas notas a casa. Y yo ignoraba que, en ese liceo, dada su alta demanda, regían normas muy estrictas, como expulsar a los alumnos que tenían más de diez horas de falta de asistencia. No fui consciente hasta que me dieron las notas de fin de curso y, con ellas, un papel que notificaba que había sido expulsado del liceo por faltar a clase. Sabía que esa noticia no iba a gustar nada a mis padres, y temí su cólera. Para evitar cualquier castigo, había un truco supersticioso que hacíamos mis amigos y yo: consistía en arrancarnos un pelo de las pestañas, ponerlo junto a una piedrecita muy pequeña, en una hoja de plátano, formar una pequeña bola con eso y tirarla al suelo una vez delante de la persona que se suponía que te iba a castigar, sin que esta lo viera. Hice el ritual con mucho miedo. Llegué a casa y entregué las notas a mi padre. Cuando cogió mi expediente, miró las notas, y como estas eran buenas, me felicitó. Entonces le dije que mirara la nota adjunta. La leyó y llamó a mi madre mientras me pedía explicaciones. En ese momento no tuve más remedio que decirles que esas faltas de asistencia correspondían a varios días en los que no me encontraba bien y fui al centro de salud, aunque carecía de justificante, porque mis indisposiciones no fueron nada grave. Solo ahora, a través de este libro, se enterarán de que en aquel momento no les dije la verdad.

Después de ese episodio, mis padres me buscaron plaza en otro liceo público, donde les pedían pagar doscientos mil francos CFA, cerca de trescientos euros, además de traer un pupitre nuevo el primer día de clase. Mis padres se negaron a contribuir a ese negocio que se normalizaba en muchos institutos del país. Entonces me inscribieron en un instituto privado. En ese centro estuve estudiando hasta que, tras muchos episodios de decepción, empecé a plantearme la idea de irme a estudiar fuera de Camerún.

La paradoja de un futuro incierto en un país con gran potencial

Desde muy temprana edad he sido un amante de la lectura. También me gustaba escribir acerca de lo que ocurría a mi alrededor. Ese hábito me permitió desarrollar unas inquietudes que me llevaban a cuestionarlo casi todo. Además tenía como modelo y referente a mi hermano mayor, Bachir, que me contagió su amor por los estudios y su pasión por el periodismo. De vez en cuando echaba un vistazo a sus apuntes de clase, a pesar de no entender nada en aquel momento; tenía cada vez más claro que me quería parecer a él. Eso me llevó, con ocho años, a cometer una locura. Mi hermano tiene una cicatriz muy cerca del ojo derecho por culpa de una caída que sufrió de pequeño. Para conseguir una como la suya, me hice un corte con una cuchilla y, según mi madre, estuve a punto de perder el ojo. Me tuvieron que llevar, sangrando, a urgencias. Afortunadamente, no fue grave, se quedó en un susto. Pero evidencia mi admiración, casi innata, por Bachir.

Uno de mis sueños era llegar a ser periodista, sobre todo en zonas de conflicto. Recuerdo que, de pequeño, me ponía delante de un espejo, en mi cuarto, y simulaba dar los informativos o conectar en directo como corresponsal. Tuve la suerte de nacer en una familia que apostó y se entregó mucho a la formación de sus hijos. Mi hermano, mi referente, el espejo en el que me miraba, tuvo una buena educación gracias al sacrificio de mis padres, pero le costaba encontrar trabajo. Siempre le veía muy preocupado por esa situación en un país donde el horizonte se dibujaba cada vez más borroso para la juventud. Entonces empecé a preguntarme si sería viable cumplir mi sueño de ejercer el periodismo en un país en el que se valoraban tan poco los estudios, y donde la corrupción se había convertido en una lacra presente en todos los sectores de la sociedad.

Según los datos de Unicef, Camerún tiene una tasa de alfabetización del 85 por ciento[10] —una de las más altas del continente africano— y la tasa de escolarización en primaria es de un 99,6 por ciento.[11] Sin embargo, esta cifra cae hasta la mitad, 44,2 por ciento, cuando se trata de la escolarización en secundaria. El 19 de febrero de 2001, en un decreto presidencial, se anunció que la escuela primaria pública sería gratuita en Camerún. No obstante, los centros educativos públicos siguen exigiendo pagos a los padres para inscribir a sus hijos. Esa práctica fue denunciada por varias organizaciones, como lo demuestra el informe de la ONG Nouveaux Droits de l'Homme (NDH).[12] Además, la calidad de la enseñanza en las escuelas públicas es peor que en el sector priva-

10. Unesco Institut de statistique, consultado el 23 de noviembre de 2022 en https://uis.unesco.org/fr/country/cm.

11. *Ibid.*

12. NHD, *Tous pour l'effectivité du droit à l'éducation au Cameroun*, 2020, <http://ndhcam.org/wp-content/uploads/2016/09/D%C3%A9claration-APE.pdf>.

do. Ese informe denuncia la falta de personal, las condiciones deplorables de trabajo y los salarios precarios que cobran los docentes, lo que les obliga a desempeñar otra ocupación y les impide entregarse a su labor de docencia. Las familias con recursos encuentran una alternativa en los centros privados para asegurar una formación de calidad a sus hijos, pero eso cuesta unos sesenta mil francos CFA, unos noventa euros, para primaria, y ciento cincuenta mil francos CFA, unos doscientos cincuenta euros, en secundaria.[13] Teniendo en cuenta que el salario mínimo está en torno a unos treinta y dos mil francos CFA, o sea, cincuenta euros,[14] el acceso a la educación superior es cada vez más difícil para muchos jóvenes, que se ven forzados a abandonar los estudios cuando finalizan la enseñanza secundaria, en un país lleno de talento y con una juventud creativa. En Camerún no existe un sistema de becas públicas que permita a las familias más desfavorecidas garantizar la formación de sus hijos e hijas. Las pocas becas suelen ser de entidades privadas, y el acceso a ellas está reservado a los hijos de las élites del país. La alta tasa de alfabetización mencionada anteriormente se debe a los sacrificios de muchas familias, conscientes de lo que representa la educación y lo importante que es dotar a sus hijos e hijas de esa herramienta para su desarrollo y futuro profesional.

13. Kouagheu, Josiane, *Au Cameroun, «je mène une véritable bataille pour payer la scolarité de mes enfants»*, 2018, <https://www.lemonde.fr/afrique/article/2018/01/30/au-cameroun-je-mene-une-veritable-bataille-pour-payer-la-scolarite-de-mes-enfants_5249344_3212.html>.

14. Expansión, *Camerún. Salario Mínimo 2020*, datosmacro.com, 2020, <https://datosmacro.expansion.com/smi/camerun>.

«La educación es el arma más poderosa que puedes usar para cambiar el mundo», decía Nelson Mandela. Yo me quería hacer con ella, pero era prácticamente imposible, teniendo en cuenta el panorama del país que me vio nacer. A pesar de todo, no perdía la esperanza, y seguía formándome. Un día me enteré de que podía participar en un concurso en el que había más de mil candidatos, para conseguir una beca de estudio para Quebec (Canadá). Me presenté, y aunque solo ofertaba diez plazas, conseguí una. Al final, resultó ser una estafa, porque acabaron pidiendo dinero a mis padres, pues de lo contrario ofrecerían mi plaza al mejor postor. Eso me afectó mucho. Sentí tanta frustración y desilusión que aquel año estuve a punto de abandonar los estudios. Fue una experiencia que me llenó de desconfianza hacia todo el sistema educativo camerunés.

Entre los compañeros que se presentaron a aquel concurso, me hice amigo de uno, Baleng. Cuando sus padres se dieron cuenta de la estafa que representaba el certamen, decidieron mandarle a Ghana para seguir su formación allí. Hablaba todos los días con él desde un locutorio, para saber cómo funcionaba la educación ghanesa y si me recomendaba irme. Todo lo que me contaba era mejor que lo que estaba viviendo en Camerún. Dejé de centrarme en lo que hacía porque quería estar como Baleng, en un sitio donde valorasen mis esfuerzos. Era consciente, al mismo tiempo, de que mis padres no me dejarían marcharme con solo quince años, y tampoco me atrevía a abordar el asunto con ellos. Tenía algún dinero, porque ahorraba de las pagas que me daban mis padres y mi abuela. Además contaba con el importe que me habían dado para pagar la matrícula de aquel año. Así que planee irme con

Baleng a estudiar a Ghana e inscribirme allí. No sabía cómo hacerlo, pero recuperé la ilusión. Lo cierto es que, a pesar de todo el dinero que tenía, no podía coger un vuelo ni hacer los trámites para viajar solo, ya que era menor de edad. Por eso empecé a buscar información sobre los países que tienen fronteras terrestres con Camerún. Me pasaba el día en el locutorio indagando en internet, hasta que decidí que iría a estudiar a Nigeria. A pesar de ser un país anglófono con un sistema educativo diferente al camerunés, mucha gente habla hausa, una de mis lenguas maternas. Tras dos meses buscando información, interiorizando y viendo todas las rutas que podía utilizar para el viaje, seguía teniendo dudas y mucho miedo. Nunca había salido de mi casa ni había viajado solo. Fueron dos meses intensos en los que apenas dormí, dando vueltas al viaje. Mi idea inicial era llegar a Nigeria y, una vez allí, llamar a mis padres para tranquilizarlos y decirles dónde estaba y qué estaba estudiando. Visto con perspectiva, era una locura.

Decidí contárselo a mis dos mejores amigos, Ali y Zizou. Los invité a comer y aproveché para decírselo, rogando su silencio absoluto porque ni mis padres ni nadie tenían que saberlo. En un primer momento, ambos se negaron a guardar el secreto. Me dijeron que mi plan era una locura, intentaron disuadirme y, al ver que no podían, insistieron en que, al menos, pusiera a mis padres al corriente. Estuvimos toda la noche hablando del tema, y al final, cuando comprobaron cuánta información tenía sobre el viaje y del lugar donde me quería instalar, se tranquilizaron y me dijeron que les prometiera que llamaría a mis padres nada más llegar a mi destino. Pasaron dos semanas desde aquella noche, sin novedad. Yo veía a mis amigos y seguía con mi vida normal. Pero mientras continuaba preparándome, interiorizando mis miedos para no levantar sospechas. Mis padres habían programado un viaje de fin de semana para ir a Yaundé, capital de Camerún, a ver a mi abuela. Era el momento perfecto para marcharme. Mi relación con mi madre era, y sigue siendo, tan estrecha, que no me imaginaba estar mucho tiempo sin verla. La noche anterior a que ellos se fueran, nos dieron las buenas noches, y recuerdo que yo estaba llorando. Mi madre me decía: «Anda, pero si solo vamos a estar cuatro días». Yo sabía por qué lloraba: mi viaje era inminente, me iba sin decirles nada y era consciente de cuánto los echaría de menos, y ellos a mí.

Al día siguiente quedé con mis amigos para despedirme de ellos, estuve a punto de renunciar al viaje por lo dura que fue la despedida. No me salían las palabras. Nos dimos un abrazo todos juntos entre llantos, en casa de Ali. Les decía que volvería pronto y que quería que fueran a visitarme. Pasamos una noche larga, porque no pudimos dormir y no parábamos de llorar, pero, a la vez, la madrugada se nos hizo muy corta porque no queríamos que llegara la mañana para no separarnos definitivamente. A las seis de la madrugada recé mis oraciones y fui a casa a coger la mochila. Mis padres habían salido muy temprano y todos mis hermanos estaban durmiendo. Entré en sus cuartos y me despedí a distancia, lanzándoles besos en silencio, sin despertarlos. Salí, me quedé delante de mi casa y recité el verso 255 del segundo *sura* (capítulo) del Corán (*Ayat al-kursi*): «Allah, no hay dios sino Él, el Viviente, el Sustentador. Ni la somnolencia ni el sueño Le afectan. Suyo es cuanto hay en los cielos y cuanto hay en la tierra. ¿Quién puede interceder por alguien ante Él, si no es con Su permiso? Sabe lo que hay ante ellos y lo que hay tras ellos, y no abarcan nada de Su conocimiento a menos que Él quiera. El escabel de Su trono abarca los cielos y la tierra y no Le causa fatiga mantenerlos. Él es el Elevado, el Inmenso».

Mi padre me decía siempre que es el verso más importante del Corán y que constituye un escudo en los momentos difíciles. Lo leí para sentirme protegido y acompañado. Estuve más de media hora llorando frente a mi casa, hasta que llegó el momento de partir. Me puse la mochila a la espalda. Llevaba un vaquero que me compró mi madre, una camiseta blanca de manga larga y una cazadora que mi abuela me regaló por mi cumpleaños. En la cabeza llevaba una *keffieh*[15] palestina blanca, regalo de mi padre. Di media vuelta y empecé a caminar, dejando huellas simbólicas en la tierra fangosa que la lluvia había reblandecido aquella mañana. «Siempre tendemos a regresar a los lugares donde dejamos nuestras huellas», decía mi abuela. Nadie me vio partir. Así me fui alejando de casa, hasta salir del barrio.

Cogí un taxi para ir a la estación de autobuses. Evitaba cualquier tipo de conversación con la gente para que no me hicieran preguntas. No quería llamar la atención. Pude coger un autobús hacia Yaundé sin problemas. Tras cuatro horas de viaje, llegaba solo por primera vez a la capital. Ahí vivía mi abuela. Siempre iba con mis padres a verla, pero aquella vez estaba de paso. Según ponía en el itinerario que me había dibujado en un papel, tenía que ir a la estación para comprar

---

15. Tocado tradicional de Oriente Próximo formado por una bufanda cuadrada, por lo general de algodón. Suelen usarlo los árabes y también algunos kurdos. Es habitual en las regiones áridas, ya que proporciona protección contra las quemaduras solares, el polvo y la arena.

el billete y esperar al único tren que une el sur con el norte del país. Las infraestructuras ferroviarias son casi inexistentes. De hecho, solo quedan los restos de la época colonial, hechas a medida para encaminar los recursos naturales explotados desde el interior del país hasta la costa. Ahora, al verlo con perspectiva, entiendo algunas cuestiones en torno a esa falta de interés por desarrollar las infraestructuras del país, sobre todo en materia de transporte, que es uno de los pilares de la economía de cualquier Estado. En Camerún, como en la mayoría de los países africanos —sobre todo las excolonias francesas—, las infraestructuras portuarias y ferroviarias son propiedad de Bolloré Transport & Logistics, un conglomerado perteneciente al francés Vincent Bolloré, amigo de Nicolas Sarkozy y de varios presidentes africanos a los que financiaba las campañas electorales a cambio de concesiones de contratos públicos.[16] Además, Bolloré fue uno de los grandes beneficiarios de la ola de privatizaciones impuesta a África por los programas de ajustes estructurales del Banco Mundial y el Fondo Monetario Internacional en la década de 1990 para hacerse con las infraestructuras estratégicas de varios países.

Salimos a las seis de la tarde en ese tren que se paraba cada hora. Miraba el paisaje, sumergido en mis pensamientos y en mis miedos, que se acentuaban con cada kilómetro. Me aferraba al único motivo que alimentaba mi ilusión: llegar a Ṇigeria para estudiar. Pasé toda la noche viajando, no conseguí dormir y solo miraba por la ventana, donde veía el reflejo de mi rostro, con los ojos muy cansados de haber llorado tanto

---

16. TV5MONDE, <https://information.tv5monde.com/info/l-homme-d-affaires-francais-vincent-bollore-place-en-garde-vue-233359>.

y por falta de sueño. A mediodía, justo cuando empezaba a cerrar los ojos, escuché por megafonía que estábamos entrando en la estación de Ngaoundéré, lo que marcaba el final del trayecto. Todos los pasajeros se estiraban después del largo viaje. Busqué la salida con la mochila a la espalda y me dirigí a la taquilla para preguntar por la estación de autobuses para ir a Garoua. Cada vez tenía más miedo porque sabía que mi familia ya se habría dado cuenta de mi ausencia y me estaría buscando. Quería salir del país antes de llamar a mis padres.

Pero no podía cruzar la frontera sin identificarme y, siendo menor de edad, me estaba prohibido pasar sin que me acompañaran mis progenitores. Así que detuve un mototaxi que me llevó por un sector fronterizo donde no había apenas controles, veinte kilómetros de desvío a través de la sabana para llegar al primer pueblo de Nigeria.

Engañado por los datos

Me fui a Nigeria convencido de que podría cursar allí mis estudios. Tardé dos días desde mi casa en Duala hasta llegar a la ciudad de Yola. La mayoría de la gente en esa región es fulani y hausa, dos etnias a las que pertenezco por parte de padres. No había ninguna diferencia entre la gente que veía en Camerún y la de Nigeria, pero me encontraba completamente perdido y no sabía por dónde empezar. Las calles estaban abarrotadas y, a pesar de venir de una ciudad tan grande como Duala, me parecía que todo en ese país —la población, los suburbios, los edificios, etcétera— era dos veces más grande que en Camerún. Fui al gran mercado para comprarme algo de comer y buscar un sitio donde alojarme. Durante el camino me impresionaba cada detalle de las diferencias que encontraba con mi lugar de procedencia. Todo el mundo era muy amable cada vez que preguntaba algo, pero en cuanto empezaba a hablar, me decían, con sarcasmo: «Tu acento es de Camerún, habláis mal el hausa». Es la manera de los hausas de picarse entre ellos, para ver quién habla el auténtico dialecto.

El aire olía a carburante. Parecía que bastara con hacer un agujero en la tierra para encontrar petróleo. El principal negocio de la gente de la zona es la venta de gasolina en los puestos cercanos a las carreteras. Nigeria se considera el «gigante de África» por su espectacular crecimiento económico, lo que hace del país la primera potencia económica del continente africano con una alta dependencia del petróleo, ya que es su principal fuente de ingresos. Es el primer productor de crudo del continente, con un total de 98,4 millones de toneladas al día,[17] lo que representa el 95 por ciento de sus exportaciones y el 80 por ciento de sus ingresos. Es paradójico, porque con toda esa producción petrolífera, el país es incapaz de satisfacer su demanda interior en hidrocarburo. Al ser el país más poblado de África, con más de doscientos millones de habitantes, Nigeria necesita un mínimo de cuarenta millones de litros de gasolina al día para asegurar el consumo de su población. Frente a esa situación, el Gobierno de Nigeria se ve obligado a importar gran parte de los hidrocarburos refinados por falta de refinerías en el país.

En ese mar de petróleo, me puse a buscar una casa de cambio para ofrecer mis francos CFA de Camerún y hacerme con los naira de Nigeria. Me llevaron a un mercado al aire libre donde había gente cambiando dinero en puestos, algunos sentados en alfombras. Me sorprendió que entre ellos había quienes llevaban carritos llenos de dinero y, acto seguido, la cantidad de billetes de naira que me dieron. Llené dos bolsas de plás-

17. BP, *BP Statistical Review of World Energy*, Londres, 2019, pp. 16-17, <https://www.bp.com/content/dam/bp/business-sites/en/global/corporate/pdfs/energy-economics/statistical-review/bp-stats-review-2019-full-report.pdf>.

tico a cambio de unos pocos billetes de francos CFA. Llevaba dos días sin comer bien, así que me fui a buscar un restaurante en el gran mercado. Lo primero que me llamó la atención fue la presencia de muchos niños pidiendo dinero o comida en la entrada del restaurante. Se acercaban a los clientes con un plato en la mano. Esa imagen me chocó mucho, pues en Camerún, en la ciudad donde vivía, nunca había visto nada parecido. Lo más asombroso pasó cuando me trajeron mi pedido, pues el camarero se me acercó y me dijo que tuviera cuidado con los niños. No entendí a qué se refería. De repente, fui a coger algo en la mochila y, antes de girarme, los niños que había a mi alrededor me habían cogido el plato y estaban todos comiendo de él con ansia. Me quedé sin palabras y muy pensativo, mientras la gente que pasaba por ahí se reía. Volví a pedir lo mismo y, con mucho cuidado esa vez, pude comer sin problemas, pero no se me quitaba la imagen de esos niños de la cabeza.

La otra cara de la moneda en esa superpotencia africana es que, detrás de los datos macroeconómicos y del crecimiento que mencionaba antes, se esconde una situación de precariedad, desigualdad y pobreza que sufre la mayoría de la población de ese país. El último informe del Programa de Naciones Unidas para el Desarrollo (PNUD) lo sitúa en el puesto número 196[18] de un total de 228 con respecto al Índice de Desarrollo Humano (IDH).

Después de ese episodio fui a tumbarme un rato a la sombra de un árbol cerca del restaurante, pero era imposible

18. Villeret, Graeme, *Nigéria. Fiche pays*, PopulationData.net, 2020, <https://www.populationdata.net/pays/nigeria/>.

descansar por la cantidad de ruido que había. Un grupo de gente a mi alrededor estaba hablando sobre una noticia que había salido en los periódicos en relación con muchísimos casos de corrupción y con el dinero de las arcas públicas que guardaba el general Sani Abacha en varios bancos del mundo a través de empresas opacas. Abacha fue un caudillo que gobernó el país con puño de hierro desde 1993 hasta su muerte, en 1998. El periódico hablaba de cerca de 267 millones de dólares[19] pertenecientes al dictador nigeriano que fueron incautados de su cuenta bancaria en Jersey. La discusión giraba también en torno a la decisión de las autoridades de Jersey de repartir ese dinero entre Estados Unidos, la isla Jersey y el Gobierno de Nigeria, porque la mayoría consideraba injusta esa decisión, pues el dinero pertenece a este último país. Además se preguntaban cómo podía, ese dictador y muchos otros, atesorar tanto dinero en bancos occidentales sin levantar sospecha. Algunos se giraban de vez en cuando, en plena discusión, en dirección a mí para intentar meterme en la conversación, pero yo solo asentía con la cabeza y nada más.

Pese a la poca confianza que tenía con aquella gente, aproveché para contarle a uno de los chicos que estaba buscando un hostal para pasar la noche en Yola, antes de irme a Maiduguri, que era mi destino. Me aconsejó uno situado en el bar donde solían ir a ver el fútbol. Le pedí que me acompañara y, sin dudarlo, me dijo que fuéramos. Cuando llegamos, antes de entrar, le expliqué que era menor de edad y que quizá, por ello, me negaran el alojamiento.

19. BBC News Afrique, Un compte caché de Sani Abacha à Jersey saisi, 2019, <https://www.bbc.com/afrique/region-48526269>.

—No hay problema —me dijo—. No es un hotel cinco estrellas del centro de la ciudad.

Ya en el mostrador, en efecto, no me pidieron ningún documento y me dieron las llaves de la habitación donde me alojaría. El chico que me acompañó se despidió sin decirme ni su nombre, pero me comentó que, si quería, después de descansar, fuera al sitio donde nos habíamos encontrado para conocer a más gente.

Me instalé en la habitación del hostal; pude ducharme y dormir un par de horas. Cuando se hizo de noche, me sentí solo por primera vez. Miraba el techo, tumbado en la cama, y solo me venían imágenes de mi madre. No paraba de pensar en ella, y me puse a llorar desconsolado. No tenía la tarjeta de móvil de Nigeria y con la de Camerún no podía llamar. «Tengo que hablar con ellos. Quiero decirles que estoy bien», pensé. Me prometí hacerlo nada más llegar, al día siguiente, a Maiduguri.

Aquella noche no pude dormir. Me hacía muchas preguntas. Empecé a tener dudas sobre si quería seguir o no, pero al final, la conclusión era siempre continuar. Mientras, daba mil vueltas en la cama, el tiempo pasaba y desfilaban por mi mente todos los recuerdos de mis últimos días con mis amigos. Vi el amanecer y cogí la mochila para ir a reservar el billete en la estación.

Nada más llegar, había un grupo de jóvenes en la entrada vendiendo billetes a precios baratos. Compré uno, y me dijeron el andén y la hora de salida del autobús. En el billete ponía «Kano» como destino, y yo quería ir a Maiduguri. Cuando les pregunté, me dijeron que el autobús tenía una parada en Maiduguri antes de seguir hacia Kano, siendo este el destino final. Confié, ya que nunca había viajado solo y no sabía cómo funcionaban esas cosas. Esperé toda la mañana en la estación hasta las dos de la tarde, cuando empezaron a llamar a los pasajeros para subir al autobús. Me acerqué y, después de presentar el billete, subí para buscar mi asiento y disfrutar del viaje. Me esperaban siete horas de ruta hasta Maiduguri, por lo tanto, tenía que ocupar mi tiempo de alguna manera. Las primeras horas del viaje me sirvieron para organizar mis ideas sobre qué haría una vez llegase a mi destino. Pensaba en todos los desafíos y dificultades que se me podrían presentar, y me decía que, ante una dificultad extrema, siempre podía llamar a mis padres para que me mandaran dinero o fueran a buscarme.

Cada hora y media, el autobús paraba en un control de policía, y se acercaba gente vendiendo fruta, plátanos fritos y frutos secos a través de las ventanas del vehículo. Compré unos cacahuetes e invité a un chico que tenía en el asiento de al lado a compartirlos conmigo para romper el hielo y charlar un poco. Tenía muchas preguntas acerca de todo lo que veía durante el viaje, pero hasta ese momento no me había atrevido a hablar con él, ya que no lo conocía. Me sorprendía ver tantas infraestructuras y autovías tan anchas, con cuatro carriles en cada sentido, además de la cantidad de árboles que había a cada lado de la carretera.

Mi primera pregunta al compañero fue para saber si era normal encontrar ese tipo de autovía en el país, ya que en Camerún no las había. Me dijo que entre las grandes ciudades del país era normal, aunque en algunos sitios había, incluso, carreteras sin asfaltar. Según él, el contraste y las diferencias entre clases sociales en Nigeria era extremo, así como también la enorme brecha entre la zona urbana y los poblados. Me dijo que, en el sur, de donde venía él, las cosas eran diferentes, y que había un buen equilibrio entre las distintas clases sociales. Era partidario de la secesión del sur del país, de mayoría cristiana, porque, según él, es la región más rica y la que mantiene a todas las demás. Todo eso me lo dijo en voz baja; parecía que no quería que nadie se enterara. Reconoció también que el asunto de la secesión dejó unas secuelas que todavía se siguen percibiendo en la sociedad nigeriana. Fue uno de los conflictos más sangrientos de su historia, y que dio lugar a la guerra de Biafra (1967-1970), que dejó millones de muertos y desplazados. El conflicto se originó por la declaración de independencia de esa región del país, con la implicación de varios actores internacionales. Por una parte, Estados Unidos, Reino Unido y la Unión Soviética,[20] entre otros, apoyaron al Gobierno nigeriano de Yakubu Gowon, y, por otra, Francia, Israel, España, Portugal,[21] etcétera, respaldaron a los independentistas, liderados por Odumegwu Ojukwu.

«Ojalá pudiera haber una independencia de nuestro territorio sin conflicto con nuestros hermanos del norte, porque las consecuencias y las cicatrices que dejó esa guerra se perciben todavía entre nosotros». Con esa sorprendente frase cerró esa parte de la conversación. Yo quería seguir charlando, así que le pregunté por la cantidad de controles de policía que había en la carretera, porque me parecían extraños. Se giró y, casi susurrando, me dijo: «Son por Boko Haram». No enten-

---

20. U.S Department of State, *Nigerian Civil War*, 2009, <https://2001-2009.state.gov/r/pa/ho/frus/nixon/e5/c15646.htm>.
21. *Ibid.*

dí qué quería decir, pero lo cierto es que, en hausa, *boko* significa «educación occidental» y *haram* quiere decir «pecado». ¿Debía, pues, inferir que Boko Haram significaba «la educación occidental es pecado»? Me quedé pasmado. Llegué a pensar que ese chico tenía algún problema, porque según lo que me decía, lo que yo iba a buscar a Nigeria era un pecado. No entendía por qué la policía iba a poner un control por ese motivo y tampoco la relación entre educación occidental y pecado.

Después de siete horas de viaje tenía previsto que el autobús parara en mi destino, como me dijeron los que me vendieron el billete. Cuando vi que no paraba, le pregunté al chico si quedaba mucho para llegar a Maiduguri. Él me miró muy sorprendido y me dijo que el autobús iba directo a Kano, sin paradas intermedias. No entendía lo que estaba pasando. Le conté dónde y cómo había comprado el billete, también lo que me dijeron quienes me lo vendieron. Se quedó callado un momento antes de decirme que había sido estafado, una práctica muy habitual. La única solución, según él, era llegar a Kano y coger otro autobús para Maiduguri. Aunque añadió que no me daría tiempo a coger el último autobús del día que saldría antes de nuestra llegada.

Fue como si me echara un jarro de agua fría encima. Estaba muy cansado, tanto física como psicológicamente, pero no tenía más remedio que seguir sus indicaciones. Tras casi diez horas de viaje, y sobre las dos de la madrugada, llegamos por fin a Kano. Bajamos del autobús. Se notaba el cansancio del viaje en todos los pasajeros. La gente, tras recoger su equipaje, empezó a dispersarse. Me quedé solo, sin saber adónde ir. Estaba perdido y desorientado. Se me notaba porque no paraba de dar vueltas en la estación y no me atrevía a preguntar nada a nadie. En un momento dado se me acercaron cuatro chicos en grupo para preguntarme si necesitaba algo. Les expliqué mi situación, lo que me había pasado y a dónde quería ir. Me dijeron que a esa hora no había autobuses para continuar mi viaje y me recomendaron hacer noche en la estación para coger el primero disponible al amanecer. Me enseñaron un rincón apartado y me aseguraron que podía dormir allí sin problemas. Les di algo de dinero como agradecimiento y, agotado, me fui directo a poner mi abrigo en el suelo y echarme allí.

Fue la primera vez en mi vida que pasaba la noche en la calle, en semejante situación. Aquel 16 de mayo de 2009 se me quedará grabado mientras viva. Pero, curiosamente, fue la primera noche, desde que salí de casa, en que caí rendido, sin dar vueltas a la cabeza, nada más acostarme. Cuando desperté por la mañana temprano, no tenía conmigo ni mi mochila ni las bolsas de dinero. Mi cazadora también había desaparecido e incluso me faltaban los zapatos que llevaba puestos. «Estaré soñando», pensé. Pero no, no era una pesadilla. Me habían robado mientras dormía. No me había enterado de nada. Era tan ingenuo que se me ocurrió que alguien lo habría cogido para guardármelo en un sitio seguro.

Después de media hora preguntando en la estación, nadie sabía nada. Al fin me di cuenta de que había sido víctima de un robo. No podía denunciar a nadie porque no había prueba alguna, según me indicaron varias personas. Por suerte llevaba puestos dos pantalones, uno encima del otro. Además, en el bolsillo del primero de ellos había guardado, dentro de un pañuelito, algunos francos CFA que no pude cambiar en su momento. Esa manera de guardar dinero la aprendí de mi madre porque, cada vez que me mandaba a comprar algo, metía el dinero en un pañuelo y me lo ataba a la cintura para que no lo perdiera. Así pude salvar el único dinero que me quedaba.

En ese momento me planteé regresar a casa, llamar a mis padres para que fueran a buscarme. Estaba muy desanimado. Pasé casi dos horas en silencio, pensándolo. «Pero regresar es la última opción —me dije—. Además acabo de llegar». Así pues, seguí mi aventura.

Aprendiendo de mi error, compré el billete con destino Maiduguri en la taquilla. Tenía ganas de llegar a esa ciudad, de afrontar lo que me esperaba y ver cómo iba a organizarme con el poco dinero que me quedaba. El conductor arrancó el autobús a las nueve de la mañana para calentar el motor mientras los pasajeros tomábamos asiento. Veinte minutos más tarde dejamos atrás la estación, porque los autobuses solo salían cuando estaban llenos. Los horarios eran orientativos. En la autovía hacia Maiduguri había más controles que por donde habíamos transitado el día antes. Teníamos que parar cada hora, y la particularidad de esos controles consistía en bajar a todos los pasajeros antes de registrar el autobús con un perro. Una vez terminado el control, el conductor tenía que arrancar el vehículo y esperar a los pasajeros a unos treinta metros del puesto de control. Ese fue el ritual durante todo el viaje. Tardamos nueve horas en llegar a nuestro destino, en un recorrido que solía hacerse en siete horas y media. A nuestra llegada a Maiduguri, fui directo a una residencia de estudiantes que había visto previamente en internet para informarme sobre las modalidades de alojamiento y los precios. Ese día no había habitaciones libres, pero me dijeron que se liberaría un cuarto a la mañana siguiente. Me propusieron pasar la noche en la sala de espera hasta poder ocupar la habitación. Esa noche aproveché para contar el dinero que me quedaba y saber cuánto podría pagar, teniendo en cuenta que también necesitaba comer. Al día siguiente firmé el contrato de alquiler, pagando solo junio y julio. Era lo único que podía costearme, aunque me dijeron que lo habitual era pagar el curso entero. Fueron muy comprensivos conmigo después de explicarles mi situación y lo que me había pasado. Me dijeron que algunos estudiantes iban de vez en cuando a trabajar a los pueblos de alrededor, en la ganadería o en la agricultura, para tener algo de dinero, y que, si me encontraba en apuros, podía hacer lo mismo para pagar el alquiler.

Los primeros días fueron muy complicados porque no conocía a nadie ni sabía moverme por la ciudad. Poco a poco empecé a acercarme a los grupos de estudiantes que vivían en la residencia, aunque la mayoría ya se habían ido de vacaciones de fin de curso. El inicio de las clases estaba previsto para septiembre. Esperaba trabajar y ahorrar lo suficiente para poder pagar una llamada que me permitiera no solo decirles a mis padres dónde estaba, sino, sobre todo, explicarme.

Por entonces empecé a calibrar la gravedad de lo que había hecho, esfumarme sin dar explicaciones, y el dolor que eso podía estar causando a mi familia. Creo que ahí temí la reacción que tendrían si, en ese momento, daba señales de vida. Cada vez que lo pensaba, me angustiaba la culpa y, al mismo tiempo, aumentaba mi miedo. No compartía mis sentimientos con la gente de la residencia por temor a ser juzgado. Pero me hice bastante amigo de dos chicos que vivían allí, Musa y Haruna, que iban a trabajar a una granja en Gongolon, un pueblo a veinte minutos de Maiduguri. Pasaba mucho tiempo solo cuando se iban a trabajar, así que todos los días me ponía a escribir en un cuaderno. En esa libreta relataba lo que, en aquel momento, no podía contar a nadie.

Tras un mes en aquel sitio, empecé a aburrirme. Un día, hablando con Haruna, me propuso ir a Gongolon con ellos para buscarme el sustento. Le dije que sí sin pensarlo, porque necesitaba moverme. La semana siguiente los acompañé para ver dónde trabajaban. Sus tareas consistían en dar de comer a las vacas y pasar el día limpiando la granja. Eran unas labores muy duras, dada la gran extensión del terreno. Además podían estar horas y horas trabajando sin descanso, incluso comían faenando para no pararse. Sabía que sería difícil para mí, porque yo no había trabajado nunca, pero no tenía otra opción. Como el jefe de Haruna no tenía un puesto para mí, me puso en contacto con otra persona que buscaba a quien vigilara su plantación de tomates durante el día, pero sobre todo de noche. Aceptar implicaba vivir en esa finca, a las afueras del pueblo. El salario que me propuso era de cinco mil nairas, unos doce euros al mes. Era muy poco, pero necesitaba dinero. Tuve que aceptarlo porque, además, los precios no se discutían ya que el empleador podía encontrar a otro jornalero dispuesto. Al principio, el trabajo me parecía incluso divertido porque no era duro físicamente, pero con el paso del tiempo empezó a pesarme la soledad, mis amigos iban y venían, y yo tenía que quedarme allí, viviendo en el campo. Durante el día podía conversar con los campesinos, pero en cuanto caía la noche me encontraba solo, sumido en la oscuridad y el silencio. Tenía una lámpara de aceite con la que daba vueltas por la parcela cada vez que escuchaba un ruido.

Con ese modo de vida, apenas pisaba la residencia, pero no quise dejar la habitación que tenía pagada por si pasaba algo y, en cualquier momento, regresaba.

Al final, Haruna y Musa decidieron quedarse unos días conmigo en la finca después de realizar su jornada en vez de volver a la residencia, porque se dieron cuenta de que estaba muy afectado por mi aislamiento. Ese gesto de amistad me ayudó y me permitió sacar adelante aquel mes de julio con más fuerza.

Un día, a principios de agosto, estábamos en el campo y, como cada noche, fuimos al pueblo a buscar qué comer. Durante el camino empezamos a ver una nube de humo gigante y oscura en el cielo. «*Gobara! Gobara!*» [¡Fuego! ¡Fuego!], gritó Musa. El humo venía de la aldea. Fuimos corriendo a ver qué pasaba. Cuando llegamos al límite del pueblo, comenzamos a escuchar gritos y oímos un fuerte estallido. No sabíamos qué ocurría. La gente salía huyendo de sus casas incendiadas. Veíamos a mujeres con niños en brazos. Algunas gritaban: «¡Que nos matan!». Otros llamaban a sus familiares, tratando de localizarlos. «¡Son los del Boko Haram!», gritaban los aldeanos mientras corrían. «¿Quiénes son los del Boko Haram?», pregunté a mis compañeros. Musa me explicó quiénes eran y las atrocidades contra la población civil que habían cometido y seguían cometiendo en varios pueblos de la zona. A raíz de eso, me acordé de mi conversación con el chico del autobús a Kano sobre los controles en la carretera.

La situación era caótica. Temimos caer en manos de aquellos a los que, en aquel momento, solo se les consideraba una secta. Echamos a correr en dirección contraria para alejarnos del pueblo. La mejor solución era ir campo a través para llegar a la carretera a la que se dirigía casi todo el mundo. Apenas había coches circulando.

Haruna y Musa propusieron que nos dirigiéramos a un sitio que conocían, a unos diez kilómetros del pueblo, donde paraban los camioneros para descansar. Llegamos sin aliento, pero decididos a pasar desapercibidos para escondernos en los camiones aparcados. El sigilo era clave, pues los camioneros tenían prohibido llevar pasajeros junto a la mercancía. Solo había dos camiones allí parados, y estaban a punto de partir. Así que, con el mayor disimulo y comunicándonos por gestos, nos repartimos en ellos, junto a la carga, sin que nos vieran. Musa saltó a su camión solo; Haruna y yo fuimos en el otro. No sabíamos cuál era el destino de los camioneros, pero teníamos claro que irían a abastecer algún mercado. Por suerte iban muy cargados, de modo que el conductor solo se podía servir de sus retrovisores laterales para mirar atrás. Haruna y yo nos acomodamos entre la mercancía. Olía a frutas y verduras; también había tubérculos metidos en sacos de rafia. Estábamos sofocados, pero aliviados de haber llegado hasta allí. Lo único que esperábamos era oír el arranque del motor y alejarnos del que pudo ser nuestro infierno. Diez minutos después, en torno a las diez y media, nuestro camión se puso en marcha. El otro, donde se metió Musa, aún no había salido. Fue la última vez que lo vi.

Una vez en marcha, me dije que si por lo que fuera el camionero nos descubría, le contaríamos la razón de nuestra huida y le rogaríamos que se apiadara de nosotros. Pero temiendo no convencerlo y que nos obligara a bajar, estuvimos mucho tiempo callados. No obstante, lo de Boko Haram me llenaba de curiosidad, y Haruna podía contarme más. Así que, en un momento dado, en susurros, le pregunté de dónde había surgido ese movimiento y por qué actuaba de esa manera. Al principio no quería hablar del tema, porque, según decía, podría causar represalias del grupo. «Pero mira dónde estamos y cómo: completamente solos. ¿Quién va a escucharte aquí?», lo tranquilicé.

Al fin me contó que el grupo había sido fundado por un predicador en Maiduguri que, al principio, abogaba por la prohibición de las escuelas y de las enseñanzas occidentales, pero poco a poco fue ampliando sus reivindicaciones. Pasó de perpetrar ataques violentos en los centros educativos a atentar contra otros predicadores más moderados o contra cualquiera que criticara al fundador del movimiento o a sus discípulos. Además reclutaba a chicos que, a su vez, incendiaban pueblos y captaban o raptaban a otros jóvenes a los que adiestraban mediante entrenamientos físicos y un lavado de cerebro, para ser expertos en cometer atrocidades, incluso en sus municipios. Me dijo que esa secta sabía jugar con el sentimiento de pertenencia de los jóvenes a un islam que, según ellos, está amenazado por la cultura occidental. También utilizaba discursos sobre el abandono del Gobierno central al sector de la población al que pertenecían los jóvenes, algo que muchos experimentaban en primera persona. De ahí que creyeran encontrar una solución a sus problemas al unirse a Boko Haram. Haruna me contaba todo eso y se emocionaba. Me explicaba las dificultades que tenían para seguir estudiando porque, cada vez que salían a la calle, les daba miedo que los raptaran. Al menos cuatro estudiantes de nuestra residencia habían sido secuestrados y no se volvió a saber de ellos. Tras esas revelaciones, me quedé unos minutos en silencio. Con la confianza que había surgido entre nosotros, le expliqué por qué había decidido ir de Camerún a Nigeria, y la odisea que había vivido hasta llegar a Maiduguri. Mientras se lo contaba, no paraba de hacer gestos de desaprobación con la cabeza. Cuando terminé, me miró, y me dijo:

—Qué error cometiste al venir aquí, Sani. Debiste ir a otra parte de Nigeria, o quizá quedarte en casa con tu familia.

—Ya es tarde —respondí, desolado.

No quería caer en lamentaciones, pero la culpa me embargaba. En ese momento solo quería cerrar los ojos, imaginarme en casa y que, al abrirlos, mi deseo se convirtiera en realidad.

Tras un largo silencio, mientras el camión seguía recorriendo kilómetros de carretera en la noche fría, le pregunté a Haruna adónde nos dirigiríamos. Él tampoco lo sabía, pero me dijo que ese tipo de mercancías solían ir fuera del país. Sobre las dos de la madrugada, Haruna hizo un agujero en uno de los sacos donde había mangos, sacó uno y, sin lavarlo, empezó a comérselo. Yo tenía hambre también, pero no me atreví a dar el paso. Al final cedí al hambre. Cogí otro, y luego unas patatas dulces. Así nos alimentamos durante un viaje en que no pudimos beber nada. Después de comer se nos empezaron a cerrar los ojos. Estábamos muy cansados. A cada parada que hacía el conductor, despertábamos pensando que sería el destino final, antes de darnos cuenta de que seguíamos ruta a través de la noche.

Después de diez horas de viaje y tres paradas, despertamos en medio de un gran jaleo. «Hay policías», dijo Haruna. Eran agentes de la aduana de Níger que estaban pasando el detector de metales alrededor de la carga. Nos volvimos a esconder para pasar inadvertidos. Veinte minutos después, el conductor arrancó el camión, y tras media hora más de carretera, al fin llegamos a un mercado de abastos en la ciudad de Diffa (Níger). Eran casi las nueve de la mañana; bajo un sol abrasador, buscamos cómo salir sin llamar la atención antes de que empezaran a descargar la mercancía. Me decidí a salir el primero del remolque. Había mucho ruido, y pude ver a lo lejos montones de sacos en el suelo, llenos de pimientos rojos secos. Cuando nadie se fijaba en el camión, me deslicé disimulando con la mirada fija en el horizonte. Luego, ya a salvo, le hice una señal a Haruna y él bajó también.

Diffa (Níger), a mi pesar

Diffa es una ciudad del sur de Níger donde apenas hay oportunidades de futuro, sobre todo para los jóvenes. Su situación de ciudad fronteriza ha propiciado la creación de una economía sumergida y de supervivencia. La población vive de la agricultura y la ganadería, oficios transmitidos de generación en generación. Para nosotros, extranjeros, la situación era aún más complicada, ya que no conocíamos a nadie, pero contábamos con nuestras fuerzas para trabajar. Haruna y yo acordamos ahorrar cuanto pudiéramos con el objetivo de regresar a Nigeria cuando tuviéramos noticia del restablecimiento de la normalidad en Maiduguri. No preveíamos volver antes de un mes.

Convertimos el mercado central de Diffa en nuestro refugio. Nos sabíamos todos los rincones del lugar. Por la mañana íbamos a la entrada del mercado para ver si habían llegado camiones y ayudar a cargar pimientos y cebollas destinados a la exportación. También nos dedicábamos a descargar mercancías que llegaban de otros países. Los días que no venían camiones, nos repartíamos los sectores del mercado en busca de oportunidades. Teníamos que recorrer largos pasillos donde, a cada lado, había decenas de puestos de productos frescos, especias y verduras. El objetivo era pararse en cada uno y preguntar a los comerciantes si necesitaban ayuda en sus tareas diarias.

Un día, durante mi búsqueda, me llamó Malam Ibrahim, un hombre al que había ayudado la víspera llevándole su mercancía desde la entrada del mercado hasta su tienda. Me ofreció trabajar con él, solo en la hora de apertura, para sacar las mercancías a la entrada del puesto, y en el cierre, para volver a colocarlas en el almacén. El método de pago era un plato de comida diario, alimento que no había tenido asegurado hasta que encontré esa oportunidad. Malam Ibrahim, de noche, cuando cerraba la tienda, me dejaba pasar la noche en la entrada para vigilarla. Esa situación me alivió, porque me evitaba muchísimos recorridos diarios en busca de trabajo por el mercado. Sin embargo, me preocupaba la situación de Haruna, porque él no había tenido la misma suerte que yo. Una noche, mientras comía un *kilishi*[22] con él, me dijo que estaba muy agobiado porque no encontraba empleo y que tenía la intención de regresar a Nigeria. No me esperaba esa noticia, pero entendía que quisiera volver a casa; sin embargo, intenté convencerlo para que se quedara y cumplir, así, por lo menos, con lo que dijimos al principio: regresar juntos. «Siento mucho decirte que mi decisión está tomada, Sani», sentenció Haruna, aparentemente dolido. No pude hacer nada. Tenía que respetarlo y aceptarlo, a mi pesar. Al día siguiente lo acompañé a la estación de autobuses para despe-

22. Carne seca, muy común en Níger, el norte de Nigeria y Camerún. Se prepara secando tiras finas de carne al sol, que suele ser de ternera, pero también de dromedario, cordero y cabra.

dirme de él con la promesa de volver a encontrarnos pronto. Estaba solo de nuevo en una ciudad donde no conocía a nadie. El único apoyo que tenía se acababa de marchar. Preferí quedarme en Diffa para trabajar y ganar dinero antes de tomar la decisión de volver a Nigeria.

Mi situación comenzó a mejorar en mi nuevo trabajo. Cada vez era mejor la relación de confianza entre Malam Ibrahim y yo. Empezó a dejarme pasar la noche dentro de la tienda en vez de fuera, como antes. Además me ofreció la posibilidad de que lo ayudara en la cosecha de cebolla en su campo, con la promesa de inscribirme en el Centro de Formación para Jóvenes Agricultores. Nunca había trabajado en el campo, pero me gustó la idea, ya que era una vía para aprender algo nuevo y ahorrar. Después de un mes trabajando con aquel septuagenario, se forjó una relación de padre e hijo entre nosotros. Me convertí casi en su sombra, íbamos juntos a todos los sitios, y él me presentaba a sus amistades. Casi todo el mundo en el mercado me conocía, algunos incluso pensaban que era su hijo.

Por mi parte, sentía mucha curiosidad y ganas de conocer a su familia, porque me hablaba mucho de su mujer, Alima, y sus dos hijos, Arouna y Soulé. Al fin, un día, me confesó que había hablado mucho de mí a su familia y que sus hijos también me querían conocer. Sin embargo, su mujer no tanto, porque le decía que tuviera cuidado y no confiara en alguien que no conocía de nada. Después intentó tranquilizarme: «Estoy seguro de que mi mujer cambiará de opinión cuando te conozca», matizó, sonriente. A pesar de esa afirmación, saber aquello me apenó. Me preocupaba que los prejuicios de su mujer pudieran afectar a nuestra amistad.

Dos días después de aquella conversación, Malam Ibrahim me propuso que me mudara a su casa, porque en esa época del año solía cerrar la tienda para dedicar tiempo a la cosecha en el campo. Me pareció buena idea, pero temí la reacción de su mujer, aunque él me aseguró que ya lo habían hablado. Cuando llegó el día de la mudanza, terminamos de trabajar en la tienda y salimos hacia su casa. Nos alejábamos, poco a poco, del jaleo y los olores del mercado, así como de las calles llenas de niños jugando al fútbol. Después de unos diez minutos atravesando barrios, llegamos a una urbanización donde solo se oía el sonido de los pájaros. «Mi casa es la que está al final de esta calle», señaló Malam Ibrahim con la mano. Se veía una casa marrón de dos plantas, con un gran árbol de mango en la entrada. Cuando llegamos al portal, nos sentamos a la sombra de ese árbol porque Malam Ibrahim me quería tranquilizar de cara a lo que nos aguardaba. Cuando entramos, su mujer estaba regando unas plantas en el patio. Yo estaba nervioso. Ella se acercó y nos presentamos. Me fijé en la expresión de su rostro. No sonrió en ningún momento. Para rebajar la tensión del instante, Malam Ibrahim me propuso seguirle para ver dónde iba a dejar mis pertenencias. Era un cuarto pequeño, pero acogedor. No me hacía falta más. Sobre todo, después de haber estado durmiendo en las calles del mercado. Sus dos hijos estudiaban fuera. Uno en la capital, Niamey, y el otro en Abuja (Nigeria), así que no los pude conocer.

Los primeros días de convivencia fueron buenos. No hubo problemas. Pero en una ocasión escuché una discusión del matrimonio en la que Alima decía que me tenían que buscar otro sitio, y su marido se negaba, alegando que no podía permitir que, teniendo una habitación libre en su casa, me encontrase otra vez en la calle. Me esforcé en trabar amistad con ella, intenté que me conociera, pero resultó imposible. Opté entonces por pasar en la casa el mínimo tiempo posible si Malam Ibrahim no estaba. Fue muy difícil convivir con ese rechazo, porque él era la única persona que conocía en la ciudad y el trabajo en el campo me dejaba sin tiempo para tejer redes con otras personas.

Recuerdo bien mi primer día de faena en su finca. Salimos después del rezo de las cinco y media de la mañana, porque Malam Ibrahim, como la mayoría de los nigerinos, era musulmán. A las seis ya estábamos caminando hacia la parcela donde tenía sus cultivos. «Esta hora es muy buena porque así podremos avanzar antes de la salida del sol y sin cansarnos tanto», me dijo dándome unas palmaditas en el hombro quien ya se había convertido en un padre para mí. Cuando llegamos, había diez personas esperándonos para empezar. Yo era novato, pero llegué con ganas de aprender, y tuve una muy buena acogida por parte de los otros trabajadores. Cada jornada aprendía algo nuevo, pero era muy duro. Enseguida empezó a pesarme. No me tocó la parte de la cosecha, porque, según Malam Ibrahim, era lo más complicado. Mi grupo tenía que labrar una gran extensión de tierra apelmazada bajo un sol y un calor insoportables. En esa parte de Níger, como en casi todo el país, apenas llovía. Además era una época de extrema sequía.

Una tarde, mientras trabajaba, empecé a marearme y me desvanecí por insolación. La piel me ardía porque trabajaba sin camiseta para aguantar la temperatura extrema. Respiraba acelerado y la nariz me sangraba. Oí a la gente alrededor y distinguí al compañero Abdoul, que gritaba llamando a Malam Ibrahim. «¡Venid, venid! ¡Sani se ha desmayado y está sangrando! ¡Traed agua, por favor!». Después ya no me enteré de más. No recuerdo lo que pasó, pero desperté minutos más tarde con un trapo mojado en la frente y una planta machacada alrededor de la nariz. Malam Ibrahim había ido a arrancar hojas de la que llaman «reina de las plantas», que se suele utilizar como antibiótico y antiinflamatorio. En realidad, tiene muchos usos. Es hasta antídoto contra el veneno de algunas serpientes. En mi caso, molieron las hojas entre dos piedras y dejaron gotear el extracto líquido por los orificios de mi nariz. Estuve casi una hora boca arriba para que el suero vegetal hiciera efecto. Después empecé a recuperar la consciencia. El centro de salud más cercano estaba a casi una hora y media del campo, así que cada vez que había un problema, se intentaba paliar con una solución casera. Ese día, afortunadamente, no fue grave. Me pusieron a la sombra para que descansara, hasta que al final de la jornada pudimos regresar a casa. Malam Ibrahim se preocupó mucho, porque sabía que la labranza era dura para mí. Aunque me propuso descansar uno o dos días antes de retomar la faena, no acepté por no quedarme en casa con su mujer, que evidenciaba, en todo momento, que yo le estorbaba.

Ya fuera en casa o en el campo, me pasaba el día hablando con quien llamaba «mi viejo». Admiraba su sabiduría y la manera que tenía de transmitirme valores al contarme su vida, que se mezclaba con aspectos interesantes de la realidad de África. Me refería muchos relatos acerca de la ciudad de Diffa, donde nació y vivió durante veinte años antes de ir a Arlit —al norte del país— para trabajar en una mina de uranio de la empresa francesa Areva, conocida desde 2018 como Orano. A veces, cuando hablaba con él, notaba que le costaba respirar. Me dijo una vez que ese problema le venía de la época en que trabajaba en la mina. Le diagnosticaron una infección pulmonar que, de vez en cuando, le obstruía la respiración. Por eso, según él, tuvo que dejar aquel trabajo después de más de treinta años; regresó a Diffa y, con sus ahorros, abrió la tienda del mercado e invirtió en el campo. Seis meses antes de conocerme le habían operado de aquella infección pulmonar, pero su salud, en vez de mejorar, empeoraba. Hasta que, un día, Malam Ibrahim tuvo que ser ingresado de urgencia en el gran hospital de Diffa. Nos confió la gestión de la cosecha a su amigo Bakari y a mí, hasta su recuperación y regreso.

Malam Ibrahim había cuidado tanto de mí, que, en agradecimiento, no me quería apartar de él en el hospital. Sin embargo, con aquella sonrisa que no se le borraba nunca de la cara, me decía que no hacía falta tanto desvelo por él, que me fuera al campo. Una mañana, cuando estábamos a punto de empezar la faena, Bakari llegó, cabizbajo y abatido, y nos anunció que Malam había fallecido a las cuatro de la madrugada. Fue oírlo y pararse el tiempo. No sabía qué decir. Acababa de perder a una de las personas más importantes para mí en estos momentos. Imágenes suyas, recuerdos y su eterna sonrisa desfilaban en bucle por mi mente. No quise creer que hubiera muerto. Pensaba que era mentira y que, al llegar a casa, me lo encontraría.

Fuimos todos directamente al cementerio, porque allí se entierra a los muertos el día del fallecimiento. Teníamos que preparar el sepulcro. No recordaba haber visto nunca a tanta gente en un entierro. Malam Ibrahim era un hombre querido en la ciudad, alguien muy cercano y conocido en el mercado. Detrás de su cortejo fúnebre venía gente en coche, en bici, en moto e incluso andando, en una procesión donde reinaba el silencio, solo roto, de vez en cuando, por algún murmullo. No pude contener las lágrimas cuando lo sacaron del ataúd para, conforme al rito musulmán, enterrarlo en contacto con la tierra, envuelto en su sudario blanco. Cuando acabaron, no quería apartarme de él. Me quedé con sus amigos, rezándole las últimas oraciones. Cuando tuvimos que salir del cementerio, me fui desconsolado y con el corazón encogido.

Se esperaba que sus hijos llegaran al día siguiente desde sus lugares de estudio. Deseaba conocerlos en persona, por lo mucho que Malam me había hablado de ellos. Pero mi ilusión quedó solo en eso, pues aquella mañana, cuando regresé a casa, encontré todas mis pertenencias ardiendo en el patio. Alima le prendió fuego a todo, me exigió devolverle las llaves de casa y me echó, sin la menor explicación, a la calle. Aquella reacción suya, injustificada e incomprensible, me dolió en el alma. Por respeto al cariño que a ella le constaba que Malam Ibrahim y yo nos teníamos, por respeto a la que habría sido la voluntad de su marido, recién fallecido, podría haberme dado margen para recuperarme de aquella gran pérdida antes de marcharme.

Pero no. En un instante vi arder en llamas la poca esperanza que tenía, sin tener la posibilidad de hacer nada por evitarlo. Por primera vez en mi vida fui consciente de la importancia del duelo ante la muerte. Necesitaba, hasta físicamente, calma y soledad para asimilar la trágica pérdida de alguien tan importante para mí. Pero no me podía permitir ningún recogimiento cuando la incertidumbre irrumpía en el horizonte.

Aquella herida nunca llegó a cicatrizar por no haber vivido mi proceso de duelo. Tuve presente a Malam Ibrahim durante todo mi camino migratorio y en todas mis oraciones, porque marcó mi vida para siempre de forma indeleble. Este capítulo es, sin duda, una forma de honrar su memoria. A pesar de no haber podido rescatar de aquella hoguera ningún objeto de aquel tiempo que lo atara a mi recuerdo, espiritualmente seguimos conectados. Me siento ligado a él, es parte de mi historia. Para siempre.

Iluminar Francia desde la penumbra

Durante mis conversaciones con Malam Ibrahim, me hablaba de la época en la que estuvo trabajando más de treinta años en la empresa Orano. Es una multinacional francesa que lleva más de medio siglo explotando el uranio en Níger. Cada vez que «mi viejo», como yo lo llamaba, tenía un ataque por su insuficiencia respiratoria, volvía a sus recuerdos y me explicaba las condiciones en las que habían trabajado en la mina de uranio, expuestos a radiaciones. Como él, muchos compañeros tenían problemas de salud por aquello. Tuvo que dejar ese empleo cuando sus pulmones empeoraron. Me decía que no había sido consciente del daño que le ocasionaba la exposición durante años al uranio, pero reconocía también que, en cierto modo, la situación y los equipos de protección fueron mejorando a medida que algunas organizaciones denunciaban las deplorables condiciones laborales en las que se encontraban los mineros. Malam Ibrahim me abrió los ojos a una realidad que yo ignoraba y a la que, desde entonces, gracias a él, he prestado atención.

Níger es el cuarto país productor de uranio del mundo. El mineral es explotado en exclusiva por la multinacional francesa Orano. El principal uso del uranio en la actualidad es como combustible de los reactores nucleares, los cuales producen el 3 por ciento de la energía generada por el ser humano en el mundo. En un país como Francia, una de cada tres bombillas funciona gracias al uranio explotado en Níger. La gran paradoja es que, mientras los hogares del país galo están iluminados, la mayoría de la población nigerina vive en la penumbra.

Once años habían pasado desde la independencia de Níger, cuando Diori Hamani, su primer presidente, inauguró las primeras instalaciones de lo que sería la primera mina de uranio del país. Y en ese mismo año, las primeras toneladas de uranio producido en Níger sirvieron para alimentar las centrales nucleares francesas. A partir de entonces, Francia prometió una falsa prosperidad al país africano a cambio de un expolio de sus minerales en detrimento del pueblo nigerino. La población que vive al norte de Níger, en concreto en Arlit, lleva más de cincuenta años sufriendo la degradación del medio ambiente ocasionada por la extracción de ese mineral radiactivo. Las minas se encuentran en pleno desierto, donde el acceso al agua es casi imposible, algo paradójico teniendo en cuenta que el tratamiento del uranio consume mucha, unos diez millones de metros cúbicos al año.[23] Desde que la empresa francesa comenzó su actividad en esa parte del país, se hizo con el monopolio de la zona, haciendo imposible el acceso al agua potable a la mayoría de la población,

23. Maillard, Matteo, *Niger: «A Arlit, les gens boivent de l'eau contaminée par la radioactivité»* (online), *Le Monde*, 2018, <https://www.lemonde.fr/afri que/article/2018/02/26/niger-a-arlit-les-gens-boivent-de-l-eau-contaminee-par-la-radioactivite_5262875_3212.html#uj6jmkmbHVz6xp59.99>.

por lo que esta se ve obligada a consumir agua contaminada por la radiactividad de las minas.

Malam Ibrahim me contó que, antes de que Orano empezase a explotar el uranio en Arlit, esa región era un lugar por donde transitaban con libertad los pueblos del desierto. Con la llegada de la empresa minera, esos pueblos, en mayoría formados por tuaregs, fueron expulsados y obligados a abandonar sus territorios o a convivir con las minas de uranio que destruyen su ecosistema. La extracción del uranio hizo crecer la población en esa región, ya que la gente migraba en busca de trabajo. Además, los trabajadores de la mina tenían que vivir cerca del lugar de extracción, lo que, sin duda, provocó la creación de un asentamiento en pleno desierto. Se calcula que alrededor de ciento cincuenta mil personas viven en esa localidad, de las cuales cuatro mil son trabajadores de Orano. La población que vive en esa zona padece, a lo largo de su vida, muchos problemas de salud, como distintos tipos de cáncer, insuficiencias respiratorias y malformaciones congénitas, entre otros. Gran parte de la población no es consciente de los enormes riesgos que implica vivir en esa área. Además, nadie se atreve a denunciar lo que pasa en la zona por miedo a las represalias. Todo lo que les ocurre lo achacan a «la voluntad de Dios», según me comentaba Malam Ibrahim. Las personas mayores suelen ser las más afectadas, ya que algunos acaban con parálisis o enfermedades raras. Sobre todo, los que han estado años trabajando allí. Pero no solo ellos. La mina de uranio se encuentra al aire libre, por lo que el polvo se desplaza hasta los pueblos cercanos, donde la mayoría de las casas se construyeron con arcillas radiactivas provenientes de la extracción del uranio. Además, muchos

utensilios de uso diario proceden de chatarra de la mina, cuyos desechos metálicos son reciclados por la población.

En su película de 2016, *La colère dans le vent*, la realizado-
ra nigerina Amina Weira denuncia las consecuencias de la
explotación del uranio sobre la población de Arlit. El docu-
mental se vio en varios países en el mundo; sin embargo, fue
vetado en Níger por orden de la embajada de Francia y del
Gobierno local. En una entrevista al periódico *Le Monde*,
Amina Weira decía que hablar de Orano estaba absolutamen-
te prohibido.[24] Se considera un tema tabú, salvo si el fin es
alabar a la empresa. Según ella, hay gente que querría denunciar lo que sucede, pero al igual que el Gobierno nigerino, se
sienten impotentes ante esta multinacional que tiene todo el
respaldo de Francia.

La cuestión del uranio en Níger está íntimamente ligada a
la política porque va más allá de la extracción del mineral.
Responde también a una situación de expolio e injerencia
política que viene realizando Francia en sus excolonias durante décadas. La población ha sido siempre apartada y olvi-
dada por el aparato del Estado, dirigido por la élite que se
enriquece de la renta del uranio, asegurando su influencia en
el país, a cambio de mantener buenas relaciones con Francia.
Níger ha conocido en total cinco golpes de Estado desde su
independencia en 1960. El último fue en febrero de 2010
contra el entonces presidente Mamadou Tandja. En aquel
momento me encontraba en el país saheliano. Estaba viajando hacia el norte, en dirección a Agadez, en una furgoneta.
Íbamos apretados y sudando por el insufrible calor. Había

24. *Ibid.*

mucho ruido en la furgoneta, y el conductor intentaba sinto-
nizar algún canal de música, cuando, de repente, se escuchó
la voz del coronel Goukoye Abdoulkarim, jefe de la inteligen-
cia militar, en las ondas de la emisora *La Voix du Sahel*: «El
Consejo Supremo para la Restauración de la Democracia
(CSRD), del que soy portavoz, ha decidido suspender la
Constitución de la Sexta República y disolver todas las instituciones que resultan de ella».

—Silencio, por favor —pedía el conductor—, acaban de
dar un golpe de Estado.

—No sé qué va a pasar con este país, no aprendemos nunca —se lamentaba un señor desde una fila por delante de mí.

El depuesto presidente Tandja había hecho todo lo posible para mantenerse en el poder, modificando la Constitución del país para extender, a modo de excepción, su mandato
y, así, «acabar el trabajo empezado». Convocó un referéndum
para modificar la Constitución, en el cual la mayoría de los
votantes, un 92,50 por ciento, le dieron el sí. Pero, según la
oposición, la participación no habría llegado al 7 por ciento
de los votantes.[25]

Entre 2006 y 2007, el expresidente Tandja había renego-
ciado con Areva para obtener mejores condiciones, si no para
el país, sí al menos para su régimen. Los acuerdos firmados en
1961 aseguraban a Areva el acceso exclusivo al uranio nigerino hasta 2007 a un precio que ni siquiera alcanza una cuarta
parte del del mercado internacional. Las negociaciones dura-

25. Châtelot, Christophe, «Le président du Niger renversé par un coup
d'Etat militaire», (online), *Le Monde*, 2010, <https://www.lemonde.fr/afrique/
article/2010/02/19/niger-coup-d-etat-militaire-dans-un-pays-en-crise-poli
tique-depuis-des-mois_1308338_3212.html>.

ron meses, incluso en 2007 dos representantes de Areva fueron expulsados porque el Gobierno de Tandja los acusó de querer fomentar un golpe de Estado contra él. Al final hubo una reconciliación oficial y, después de las renegociaciones, Areva consiguió, una vez más, el derecho de explotación durante otros cuarenta años. Níger aumentó hasta un 50 por ciento el precio del uranio y un 33,35 por ciento las acciones de explotación de la nueva mina de Imouraren.[26] No obstante, Tandja introdujo competencia en ese mercado, otorgando desde 2006 más de cien permisos a otras empresas, principalmente chinas, canadienses, sudafricanas e, incluso, iraníes. Y eso no le gustó a Areva ni al Gobierno francés. Desde entonces, las relaciones entre Francia y el Gobierno de Mamadou Tandja empeoraron, hasta el golpe de Estado que se saldó con la muerte de varios soldados y la caída del presidente.

Níger se considera uno de los países más pobres del mundo, en el puesto 187 de 188, según el *ranking* del Índice de Desarrollo Humano (IDH) del programa de Naciones Unidas para el Desarrollo.[27] Esa inestable situación socioeconómica y política refuerza el poder y la dominación de una empresa como Orano en el país, y eso a pesar de las denuncias presentadas por diversas organizaciones como Greenpeace, la Comisión de investigación e información independientes sobre radiactividad (CRIIRAD) o la OMS sobre el riesgo que conlleva la actividad minera de esa multinacional en la salud de la población y en el ecosistema.

26. *20minutes*, «Areva se réconcilie avec le Niger», 2007, <https://www.20minutes.fr/monde/173417-20070802-areva-reconcilie-niger>.
27. *Expansión*, «Níger. Índice de Desarrollo Humano. IDH 2017», <https://datosmacro.expansion.com/idh/niger>.

La mafia de Bruselas llega a las puertas del desierto

En el norte de Níger se encuentra la ciudad de Agadez, también conocida como «la puerta del desierto» porque está justo situada entre el Sáhara y el Sahel. Su nombre viene de la palabra *egadez*, que significa «visitar» en *tamazight*.[28] Desde el siglo VII, ese lugar desértico fue una encrucijada por donde transitaban las caravanas comerciales que unían el norte de África con el sur. Históricamente, esa ciudad representaba un importante centro transahariano de intercambios culturales. Se caracteriza por su arquitectura, que manifiesta una síntesis de influencias estilísticas dentro de un conjunto urbano original en adobe, muy típico de esa región. Agadez es también uno de los símbolos de la externalización de las fronteras de Europa en el continente africano. Su situación estratégica, pues comparte fronteras al noroeste con Argelia y al noreste con Libia, hace que el lugar sea imprescindible para los inmigrantes del sur del Sáhara que transitan de camino a Europa. La Unión Europea, a través de sus acuerdos opacos firmados

---

28. Unesco, *Centre historique d'Agadez*, 2016, <https://whc.unesco.org/fr/list/1268/>.

con terceros países como Níger para controlar el flujo migratorio de manera indirecta, ha contribuido a la vulnerabilidad de los inmigrantes y al crecimiento de los grupos criminales que intentan, por todos los medios, abusar de ellos. Así se convirtió al norte de Níger en general —y a Agadez en particular— en una zona muy hostil para cualquier candidato al «gran viaje» a través del desierto.

Una importante proporción de las actividades económicas de esa región empezó a reposar en la inmigración. Había casas que se convirtieron en guetos donde se forzaba a los inmigrantes a pagar para ser custodiados, muchas veces privados de libertad. Familias enteras se dedicaban a ese negocio, con un papel determinado para cada miembro. La cadena empezaba con los hombres, llamados *coxers* o intermediarios, que iban a la estación de autobuses o deambulaban por las calles de la ciudad en busca de cualquier persona que pudiera ser inmigrante para llevarla, a veces contra su voluntad, al gueto. Una vez allí, se producían todo tipo de torturas para que los inmigrantes en cuestión, extorsionados, llamaran a sus familias para pedirles dinero con el que pagar su puesta en libertad. También había los que organizaban viajes clandestinos para ir de Agadez a Argelia o Libia, cruzando el desierto del Sáhara en coches todoterreno. Esas prácticas eran normales en Agadez y en las demás ciudades del norte de Níger, un negocio muy rentable con el que sobrevivían muchas familias.

Hablando con la gente de la ciudad al pasar por Agadez, me explicaba que dicha práctica se empezó a normalizar cuando la Unión Europea comenzó a financiar el Gobierno de Níger para controlar el flujo migratorio. Antes los inmigrantes podían moverse con libertad, coger los autobuses directos a Libia e, incluso, estar en la ciudad sin ser perseguidos. Sin embargo, desde que entró en vigor un programa de control del movimiento migratorio, los inmigrantes pasaron a ser clandestinos e ilegales. En definitiva, se han convertido en presas fáciles en manos de las mafias que abusan de ellos.

Mahaman Sanoussi, activista conocido por su lucha por los derechos de los migrantes, afirmaba al periódico francés *Le Monde*: «Toda la ciudad (de Agadez) vivía de la migración, era legal, y los transportistas se ganaban la vida de manera lícita, yendo y viniendo de Libia con inmigrantes, incluso los nigerinos utilizaban esa vía para ir a trabajar a Trípoli (Libia) antes del asesinato de Gadafi. Los transportistas pagaban sus impuestos como todos los empresarios, pero la Ley 2015-36 lo cambió todo».[29] Mahaman Sanoussi hacía referencia a lo que se conoce en el norte de Níger como un «flagelo para la sociedad»: la Ley de 26 de mayo de 2015 sobre el tráfico de migrantes. De un día para otro se ilegalizó lo que era un negocio como cualquier otro y se encarceló a docenas de jóvenes nigerinos que trabajaban en el negocio de la inmigración. En 2015, los países de la Unión Europea se reunieron en La Valeta (Malta), en el marco de su política de externalización de las fronteras. Decidieron entonces crear un muro invisible en la puerta del desierto del Sáhara, precisamente en Agadez. El objetivo de aquella cumbre era frenar la inmigración africana hacia Europa. Con el beneplácito de algunos dirigentes de ciertos estados africanos, crearon lo que se conoció como

---

29. https://www.monde-diplomatique.fr/2019/06/CARAYOL/59965.

el Fondo Fiduciario de Emergencia (FFE), y prometieron más de dos mil millones de euros a países como Níger, Etiopía, Mali, Nigeria o Senegal, entre otros. Con esa tentadora promesa, la UE atrajo a sus socios africanos «a favor de la estabilidad y la lucha contra las causas profundas de la migración irregular y el fenómeno de las personas desplazadas en África».[30] Sin embargo, la realidad demuestra que esos estados africanos se estaban convirtiendo en los guardianes de Europa, desde los países donde transitan los migrantes o en sus países de origen. En los discursos oficiales, como siempre, se evoca «la ayuda al desarrollo o la lucha contra la trata de seres humanos» para ocultar el objetivo maquiavélico de ese programa: detener, si fuese necesario, recurriendo a la fuerza o por cualquier otro medio, el flujo migratorio hacia Europa.

En Níger, la población de Agadez se quejaba porque la entrada en vigor de la Ley 2015/36 se hizo efectiva de un día para otro, al mismo tiempo que tampoco se avisó a los nigerinos de la aprobación del FFE de la agenda europea en materia migratoria. Según el periódico *Le Monde*, esa ley fue redactada para Níger por funcionarios franceses. «Recibimos mucha presión para su puesta en marcha», admitió al periódico el general Mahamadou Abou Tarka, presidente de la Alta Autoridad para la Construcción de la Paz (HACP, por sus siglas en francés), organismo adscrito a la presidencia y responsable de supervisar la aplicación de esa ley. Esto demuestra la capacidad de la UE de dictar leyes y ponerlas en marcha, in-

---

30. European Commission, *Managing migration in all its aspects: progress under the European Agenda on Migration*, Bruselas, 2018, pp. 2-9, <https://ec. europa.eu/info/sites/default/files/eu-communication-migration-euco-04122018_en_1.pdf>.

cluso fuera de sus fronteras. De esta manera, las autoridades nigerinas decidieron, a cambio de dinero, ilegalizar el paso de los inmigrantes por su territorio. Desde entonces, cualquiera que permitía la entrada o salida ilegal del territorio nigerino, a cambio de una aportación económica o material, se enfrentaba a una pena de cárcel de cinco a diez años y a una multa de hasta cinco millones de francos CFA (7.630 euros). Quienes ayudaban a los inmigrantes durante su estadía, aun sin beneficiarse de ellos (proporcionándoles alojamiento, comida o ropa), se enfrentaban a una sentencia de dos a cinco años de prisión. Cualquier persona que se encontraba en Agadez sin demostrar ser nigerino era deportada a la frontera sur del país. La simple presunción resultaba suficiente para que cualquiera fuera represaliado y acabase en la cárcel.

En su declaración de fin de misión en el país saheliano en octubre de 2018, el Relator Especial de Naciones Unidas sobre los derechos humanos de los migrantes, Felipe González Morales, señalaba: «La falta de claridad del texto de la Ley 2015/36 y su implementación represiva, en vez de buscar la protección de las personas, contribuye a la criminalización de todas las migraciones y llevaba a los inmigrantes a estar en la clandestinidad, escondidos, lo que los hace más vulnerables a abusos y violaciones de los derechos humanos».[31]

Sé que lo que ahora voy a decir es extraño: al final decidí ir al norte de Níger a buscar trabajo en la mina de uranio, pese a lo mucho que Malam Ibrahim me advirtió de su peli-

---

31. HCDH, ONU, *HCDH. Déclaration de fin de mission du Rapporteur Spécial des Nations Unies sur les droits de l'homme des migrants, Felipe González Morales, lors de sa visite au Niger (1-8 octobre 2018)*, <https://www.ohchr.org/FR/NewsEvents/Pages/DisplayNews.aspx?NewsID=23698&LangID=F>.

gro antes de morir. Pero me vi atrapado, sin opción. A esas alturas, mi viaje se revelaba un total fracaso y ni siquiera tenía el dinero para reconocerlo, claudicar y volver a Camerún. Así me vi rumbo a la zona de extracción en Arlit, de tránsito por Agadez y escuchando a cuantos me cruzaba advertir de que el lugar era una trampa para los inmigrantes. Me alertaban de los innumerables controles de policía, algunos me recomendaron ponerme un turbante, al estilo tuareg, para confundirme con la población local. El reciente golpe de Estado contra el Gobierno de Mamadou Tandja hacía la situación del país, asolado por la parálisis institucional, mucho más delicada. En cuanto me coloqué el turbante a lo tuareg, ya no me desprendí de él, por más que el calor apretara con cada paso al norte. A pocos kilómetros de la entrada de Agadez nos pararon, por lo menos, en ocho controles policiales. En uno, un agente entró en la furgoneta en la que viajaba. Desde la primera fila, empezó a pedir la documentación a los viajeros. «Los que no tengan, que bajen, y así me ahorran perder el tiempo», dijo el policía con tono autoritario. Cuando me levanté para bajar del vehículo, me agarró del hombro y me preguntó si era nigerino. Yo evitaba sostenerle la imponente mirada. Era un hombre muy alto, llevaba dos armas y se protegía el pecho con un chaleco antibalas. Sus mejillas estaban cubiertas de escarificaciones y le caían gotas de sudor tras un largo turno al sol.

—Sí, soy nigerino, de Diffa —le respondí con voz temblorosa—, pero se me ha olvidado el documento en casa, por eso me he levantado para salir.

Le hablé en hausa porque si le hubiera contestado en francés mi acento me hubiera delatado. A los que no teníamos el documento de identidad nos pidió que pagáramos una multa de diez mil francos, unos quince euros, y nos dejó continuar el viaje en la furgoneta.

A mi llegada a la estación de Agadez, noté que la ciudad era una auténtica encrucijada a las puertas del desierto. Había mucha gente esperando para salir hacia diferentes destinos, tanto en dirección norte, rumbo a Libia, como hacia el sur. Algunos llevaban muchas horas esperando, tumbados en el suelo, sobre esterillas de paja. La estación se cubría de polvo a cada momento, por los frecuentes vórtices de arena y aire cálido en la atmósfera. El cansancio y la desesperación se notaban en el rostro de la gente. Cuando me dirigía hacia el mostrador para comprar el billete y seguir hacia Arlit, se me acercó un hombre sonriendo y me preguntó si quería ir a Libia.

—No, voy a Arlit, a buscar trabajo en la mina —le contesté.

—Arlit es peligroso —me replicó, fingiéndose preocupado—. En Libia hay más trabajo y se paga mejor. Yo organizo viajes baratos para ir hasta Trípoli. En mi casa tengo a gente esperando para salir el lunes. Los alojo allí porque las patrullas policiales van por la ciudad arrestando a los inmigrantes.

Como no tenía un rumbo claro, cada argumento del hombre vencía más mi voluntad inicial. Al final, le dije que, antes de decidirme, quería ver su casa. Era una manera de comprobar la veracidad de lo que contaba. Dejé la mochila en la consigna de la estación y me fui con él de paquete en su moto. En cinco minutos llegamos a una casa cercada con chapas. Me sorprendió ver que estaba cerrada con candado, por aquello que me había dicho de que sus clientes no saldrían en ruta hasta el lunes siguiente. Cuando abrió y entramos, el estruendoso silencio me preocupó aún más. Caminamos por un pasillo largo y muy oscuro. De repente, al final, empecé a oír murmullos procedentes de una de las habitaciones del fondo, también cerrada con llave. Junto a esa puerta, antes de entrar, se detuvo y me dijo:

—Si pagas bien, no te pondré con ellos. Estarás en otro lugar y podrás salir al patio o a dar una vuelta por la ciudad.

Interpreté que leía en la expresión atónita de mi cara que estaba horrorizado por el panorama. Entonces insistió, intentando tranquilizarme, en que cerraba todas las puertas porque, si la policía se enteraba de la presencia de migrantes, enviaría patrullas, entraría y los detendrían a todos. Al instante me abrió la puerta para mostrarme con quiénes viajaría, supuestamente, el lunes de la siguiente semana, si aceptaba su oferta. Lo que vi era inhumano. Jóvenes apiñados como ganado, unos sobre otros, en una habitación oscura y sin ventilación. La mayoría, como supe por su acento, eran cameruneses, como yo. El hombre me dijo en hausa que iba a por algo a su habitación, pero antes de irse me advirtió de que tuviera ojo con los encerrados porque, según él, algunos no le habían pagado, intentaban fugarse y sus familias ni siquiera les mandaban dinero para el sustento del que él les proveía a diario. En cuanto se alejó, pregunté a los chicos cómo se encontraban, desde hacía cuánto estaban allí y si estaban seguros de cuándo viajarían. La mayoría llevaba más de un mes en esas condiciones infrahumanas pese a que, me dijeron, sus parientes no paraban de enviar dinero al tipo para que los sacase.

Cuando, tras escucharlos, les insté a escapar, noté una sombra detrás de mí. De repente sentí la punta metálica de un cuchillo en mi espalda y una voz que me decía que me moviera lento. No opuse resistencia. Él me cogió del cuello. «Avanza, traidor —me susurró—. Sal y no vuelvas. Ojo que te salvas por ser hausa, de lo contrario no saldrías vivo de aquí». Obedecí en todo lo que me ordenó. Salí temblando, sin decir palabra. Solo quise desaparecer. Luego, lejos ya de aquel lugar terrorífico, pensando en quienes había dejado atrás, se me pasó por la cabeza denunciarlo a la policía, pero me arriesgaba a que nos arrestaran, a los chavales y a mí, y para nada, pues, como inmigrantes, no teníamos derechos. Así que me limité a ir a buscar la mochila a la estación, me tomé un *bisap*[32] para refrescarme e intenté calmarme y pensar.

Poco antes de que llegase al bar había parada allí una furgoneta procedente de Zinder, con varios jóvenes que querían ir a Libia. Tres se encontraban en la barra donde estaba tomando mi bebida y los oí hablar de alguien que vendría a recogerlos. Después de lo que acababa de ver sentí la necesidad de contarles cómo funcionaban allí las cosas y evitar que también ellos cayesen en manos de la mafia. Me dijeron que ya se habían puesto en contacto con alguien que los llevaría a Libia y pagado la mitad de las tarifas mediante una transferencia por Western Union. Me propusieron unirme a ellos. Uno me contó que su hermano había viajado de esa manera sin ningún problema y que ya le esperaba en Libia. El viaje estaba previsto para la madrugada del mismo día en que conocí a esos chicos. Tenía muy poco tiempo para decidir si unirme a ellos. Estaban muy seguros, me transmitieron confianza y calma, y eso, al final, hizo que me dejara llevar. Llamaron al encargado

---

32. Bebida refrescante a base de hojas de hibisco, muy típica de la zona occidental de África.

del viaje para decirle que había otra persona interesada. Él, cuya voz grave oí del otro lado del teléfono, felicitó a los muchachos por traerle a otro cliente y prometió hacernos un descuento. «No olvidéis comprar galletas y agua para el viaje por el desierto —añadió antes de colgar—. Nos vemos esta noche».

Fuimos a comprar suministros para el camino y nos dirigimos al punto de encuentro. Tenía curiosidad por saber de dónde eran los chicos y por qué decidieron migrar, porque detrás de cada inmigrante hay historias y procesos vitales dignos de conocer.

—Como viajaremos juntos, me gustaría saber qué os impulsa a hacer el viaje —les dije.

—Ya tendremos tiempo de hablar de eso —me contestó Aliou—. De momento, te cuento que soy de Costa de Marfil; Adam, de Burkina Faso; e Ibrahim, de Camerún.

Los dos primeros eran amigos y habían salido de Costa de Marfil, donde trabajaban en una plantación de cacao. Conocieron a Ibrahim en una casa de las mafias de la que este los ayudó a escapar. Tenían claro que querían ir a Libia a buscar trabajo, pero Ibrahim contemplaba embarcarse desde allí hacia Italia.

—¿Cuál es tu destino final? —me preguntó Adam.

Me quedé en silencio, porque no sabía qué responderle.

—En realidad no lo sé —le contesté—. Hace tiempo que perdí el rumbo y, desde entonces, me dejo llevar. Ya iré viendo y os contaré qué me trajo aquí.

Al anochecer, el hombre con el que habían hablado por teléfono vino a recogernos para llevarnos al lugar de embarque. El sitio se encontraba a unos diez kilómetros fuera de la ciudad. Era una casa abandonada ocupada por líderes de diferentes pandillas organizadoras de viajes. Todo estaba oscuro, no se veía nada, solo los jefes tenían linterna para controlar los movimientos de alrededor. Pensábamos, antes de llegar, que seríamos los únicos viajeros, pero una vez allí nos encontramos a más de cincuenta personas esperando, sentadas en el suelo. Sobre las dos de la madrugada, dos tuaregs llegaron con una camioneta todoterreno, hablaron con el líder de la pandilla y nos ordenaron empezar el embarque rápido. Cada uno pagamos ciento cincuenta mil francos CFA, alrededor de doscientos treinta euros, para ser apilados como ganado en la parte trasera de un Land Rover. Algunos no iban bien sentados, pero no parecía ser problema del conductor ni de quien recaudó todo nuestro dinero. Seguía repitiéndonos que teníamos que apañarnos para acomodarnos sin dejar a nadie en tierra. Después de media hora de rompecabezas, nos encajamos como pudimos en la camioneta, listos para hacer frente al desierto…

¿Te imaginas tener que pasar por todo eso antes de viajar de España a Francia por falta de vías seguras y legales para viajar? Piénsalo.

Víctimas del (des)orden mundial

Después de seis meses en Níger llegó el día de emprender el rumbo al norte de África. Era una nueva etapa que empezaba cargada de ilusión e incertidumbre. Tenía que seguir mi odisea a través del desierto del Sáhara. No era un viaje cualquiera, pues se trataba de llegar a la cornisa norteafricana burlando los controles policiales y contando con la experiencia de los tuaregs que nos llevaban a través del desierto. Necesitaríamos aguante y capacidad de adaptación frente a las adversidades que pudiéramos encontrar en el camino, sin olvidar el desgaste físico de las condiciones de viaje. Nos metieron en la parte trasera de una camioneta. Éramos más de cincuenta jóvenes africanos de diferentes países del continente. Podíamos considerarnos privilegiados por haber podido pagar la suma que daba derecho a esos pasajes considerados de primera clase, porque quienes pagaron menos tuvieron que viajar enganchados o agarrados a los laterales de la camioneta. No nos conocíamos, pero nos unía la misma desesperación y el sufrir los estragos de la globalización, su efecto cada vez más visible en las relaciones entre el norte y el sur global. En nosotros se veía el resultado del fracaso de un sistema que solo contempla los movimientos y las relaciones humanas desde un punto de vista económico y comercial, donde las mercancías y los recursos naturales son cada vez más importantes que los seres humanos. Mientras, se cierran todas las posibilidades de movilidad humana de África a Europa, con una política migratoria europea cada vez más represiva.

La externalización de las fronteras europeas dentro de África deviene en la herramienta estrella de la Unión Europea para combatir la inmigración. No viajaríamos unos desconocidos amontonados en atestadas camionetas si desde nuestros países hubiera vías legales y seguras para migrar, ya sea a Europa o a cualquier otra parte del mundo. No pensaríamos en abandonar nuestra tierra ni a nuestros seres queridos si los recursos de los que disponen la mayoría de nuestros países estuviesen al servicio de la mayoría de la población local, no de una élite al servicio de las grandes potencias y sus multinacionales.

En nuestros ojos se podía ver incertidumbre y miedo, por una parte, y valentía y coraje, por otra. Queríamos, al menos, intentarlo. En la camioneta reinaba tal silencio que todo el protagonismo era del rugir del motor y del aullido del viento. Nos mirábamos, y nuestras caras reflejaban la incomodidad por encontrarnos hacinados debido a la falta de espacio. Pero ninguno de nosotros se quejaba. Tras una hora de viaje por una carretera llena de piedras y baches, el conductor empezó a acelerar para surcar las altas dunas sin atascarse. Cada movimiento brusco del vehículo modificaba nuestra disposición ahí atrás. Al conductor le daba lo mismo. Hubo gente que empezó a gritar, pues no podía aguantarlo. Querían levantarse para estirar las piernas, pero no había manera, sobre todo para los que estaban más abajo, porque soportaban el peso de los demás. En una de las dunas, la camioneta casi volcó cuando uno de los pasajeros que ya no podía más se levantó; como íbamos tan rápido, el hombre perdió el equilibrio y se cayó fuera. Gritamos para alertar al conductor, pero no se detuvo, ni se inmutó.

—Ahí te quedas —soltó el tipo con una carcajada siniestra—. Cualquiera que se levante y caiga, pasará por lo mismo —nos lanzó por la ventanilla.

Sobresaltos y chillidos se repitieron a cada tanto, pero tras varias horas de viaje el conductor paró. Pensábamos que era para descansar antes de retomar el camino.

—Tenemos una avería, bajad todos —nos sorprendió con tono contrariado.

Había quienes no podían ponerse de pie, entumecidos, y los demás tuvimos que ayudarlos a bajar.

Los dos conductores se apartaron y prendieron una hoguera para preparar el té. Hablaban todo el rato en su idioma y no nos traducían nada. No nos podíamos resguardar porque no había sombra. Me aparté un poco con los tres compañeros con los que estaba desde el principio, y, a pesar de la incertidumbre del momento, empezamos a hablar, intentando entender el motivo de la parada y, al tiempo, contemplando la belleza de la naturaleza que nos rodeaba. La altura de las dunas infinitas, que se modificaba con cada golpe de viento, era espectacular. La arena, suave al tacto y extraordinariamente fina. Cuando miraba al horizonte, tenía la impresión de que el cielo caía sobre las dunas. Por paradójico que resulte, en el desierto se siente libertad, porque es extenso y sin barreras. Pero no lo podíamos disfrutar porque dependíamos, en medio de la nada, de dos extraños que no manifestaban la menor empatía.

Al final, pasamos el resto del día en aquella parada, gastando nuestras galletas y nuestra agua. Los conductores insistieron en lo de la avería, pero nos extrañó que no hicieran nada para intentar repararla. Encendieron la radio, intentando captar alguna onda, mientras bebían el té que acababan de preparar. Tras más de diez horas, cuando empezó a anochecer, los conductores se metieron en el coche, arrancaron y nos dejaron tirados. Nos miramos, impotentes, y pensando en la que se nos venía encima. Algunos echaron a correr tras la camioneta, pero fue en vano. Cada uno debía empezar a pensar en cómo salir de ese espacio inmenso en cuyo horizonte no se veía nada. No sabíamos qué hacer. Los cuatro más cercanos desde el principio, decidimos andar sin perder un segundo del frescor nocturno.

Mientras caminábamos, nos fuimos contando nuestras historias y conociéndonos mejor. Adam y Aliou habían compartido recorrido desde Costa de Marfil, donde trabajaban en una plantación de cacao. Tuvieron que pasar por Burkina Faso, el país de nacimiento de Adam, antes de llegar a Níger, donde nos conocimos. Adam era huérfano. A los cuatro años perdió a su madre, y dos después, a su padre, en un accidente de circulación. Su tía, que le crio, se lo llevó a Costa de Marfil para buscarle un trabajo en la plantación. Llevaba, según nos contó, desde los ocho años sin conocer nada que no fuera el cacao. Allí conoció a Aliou, con el que tejió una buena amistad, ya que los dos crecieron en cabañas construidas en el campo donde trabajaban. Las condiciones de vida y de labor en esos campos eran infrahumanas. «Los campesinos sufren muchísimo, reciben salarios ridículos, mientras las multinacionales fijan el precio del cacao y se forran a nuestra costa», repetían Adam y Aliou al contar qué los empujó a salir de esa miseria. Cada vez que decían algo, Ibrahim, que era de Camerún, como yo, asentía con la cabeza, pues la misma situación se vive en muchos países africanos. Cada historia o anécdota que contaban era singular, pero giraba en torno al fracaso de un sistema, la globalización, que ha hipotecado la vida y el futuro de muchas generaciones de jóvenes del continente africano.

Muchos países de África viven la misma situación porque, con industrias obsoletas o casi inexistentes, se ven obligados a vender sus materias primas más baratas para después comprar el producto manufacturado dos o tres veces más caro. Da la sensación de que todo lo que viene de África tuviera que ir a Occidente primero para que nos lo «bendigan» antes de consumirlo y, acto seguido, nos lo vendan a precios desorbitantes. Es el caso de Costa de Marfil y Ghana, Nigeria y Camerún, que ocupan el primer puesto en el *ranking* mundial de países productores de cacao, pero donde —gran paradoja— a la población local le es imposible tomar un buen chocolate a precio asequible. África produce tres cuartas partes del cacao que se consume en el todo mundo,[33] mientras que Estados Unidos y Alemania son los mayores consumidores. A este último se le considera el mayor productor de chocolate de Europa. Detrás de todo esto están las grandes multinacionales: Hershey, Mars, Philip Morris, Nestlé, Cadbury, Ferrero,

33. Planetoscope, *Statistiques: Production mondiale de cacao*, 2020, <https://www.planetoscope.com/sucre-cacao/1442-production-mondiale-de-cacao.html>.

que representan el 80 por ciento del mercado mundial. Este sector es objeto de numerosas denuncias por parte de ONG que trabajan en la protección del derecho del niño y de los campesinos. En un reportaje realizado por el equipo de *Envoyé spécial*, titulado «Cacao: les enfants pris au piège»,[34] se ve que niños de ocho años son vendidos como ganado por sus padres, por doscientos mil francos CFA, unos trescientos euros, para trabajar en condiciones de esclavitud en campos de cacao, exponiéndose a productos químicos como el glifosato —un producto tóxico cuyo uso está prohibido en la Unión Europea, pero que multinacionales francesas lo venden a los campesinos de Costa de Marfil—. A los niños de temprana edad, en vez de enseñarlos a utilizar un lápiz, los adiestran para manejar machetes en medio del bosque donde la mayoría reside desde su nacimiento. Todo eso para abastecer al mercado mundial. Esta práctica se encuentra en muchos sectores de África, con el silencio cómplice de los gobiernos locales y de las grandes multinacionales occidentales. Las industrias del chocolate venden cien mil millones de dólares de chocolate al año, y un campesino gana menos de un euro al día, según la Agencia Francesa de Desarrollo (AFD). Los campesinos de los países productores de cacao, y los mineros en el caso de los países con minerales, no deciden sobre el precio de sus productos, porque se fija a nivel internacional por los países occidentales, lejos de los campos y las minas. Cuando Alemania fabrica sus coches, fija sus precios teniendo en cuenta sus intereses, lo que ocurre en todos los países occi-

---

34. France 2, *Envoyé spécial*. «Cacao: les enfants pris au piège» (vídeo), 2019, <https://www.youtube.com/watch?v=RMioC4HwyL4>.

dentales con los productos que venden en el mercado internacional. Esa es la diferencia con los productos procedentes del sur global y de África, en este caso.

Muchos campesinos quieren que sus hijos estudien, como me decía Adam. Sin embargo, lo que se les paga por el cacao no les permite llevar algo de comer a sus casas. Eso hace pasar la educación de esos menores a un segundo plano, pues se considera un lujo. Los padres que consiguen que sus hijos tengan una formación académica en esas regiones del mundo son unos auténticos héroes.

Un pozo en pleno desierto

Cuando llevábamos dos días andando a través del desierto, empezamos a acusar el cansancio. Nuestro ritmo al caminar cada vez bajaba más: de noche hacía mucho frío y soplaba un viento fuerte, y de día, un calor insoportable. Teníamos que coordinarnos porque cada uno iba a su ritmo según su nivel de resistencia, pero queríamos seguir juntos. Nos quedaba muy poca agua y nada de comer, pues se nos habían acabado las galletas. La arena mantenía el calor del sol, a veces hasta la madrugada. Era imposible sentarse, al menos directamente, en la arena. Empezamos a tener miedo cuando encontramos un cadáver calcinado por el sol. Tenía los puños cerrados, la mandíbula apretada y los dientes hacia fuera. Todos pensamos, aunque sin verbalizarlo, que cualquiera de nosotros podría acabar como él. Apenas hablábamos, porque no teníamos fuerzas para articular ni una palabra. De repente vimos un árbol en el horizonte, pero llegar hasta él suponía todo un reto en el estado en el que estábamos. De pronto, Ibrahim empezó a sangrar por la nariz. Nos detuvimos un rato a descansar, pero no le podíamos tumbar, ya que la arena estaba ardiendo. Entre todos hicimos un esfuerzo, a veces arrastrándonos, hasta llegar al árbol. Era una acacia, y sus ramas y hojas nos sirvieron de sombra. Nos quedamos allí hasta el anochecer. Habríamos querido hablarnos, pero había que reservar energía para seguir o para esperar a que pasara alguien y nos auxiliara.

Me recuerdo tumbado, mirando al cielo. Incluso en esas circunstancias era imposible no apreciar la belleza de las estrellas y de la luna llena en un cielo tan limpio y despejado. Por mi mente desfilaban las imágenes de cada miembro de mi familia, de cada amigo. Conecté de nuevo con mi realidad, que había dejado atrás cuando vivimos el ataque de Boko Haram en Nigeria. En ese preciso momento quise tirar la toalla, volver a casa y reunirme con mis padres, pero lo cierto era que estaba en un lugar donde, por mucho que gritara, nadie me escucharía, salvo los que estaban conmigo, igual o peor que yo. Entonces me acordé de que a mi madre le encantaba contemplar la luna, sobre todo cuando está llena. En casa se ponía, a veces, un cubo con agua en el patio para observar el reflejo que la luna dejaba en su interior. Pensé que, en ese instante, mi madre podría estar contemplando la misma luna que yo, pero en casa, en Duala. Así que me puse a hablar con ella, o al menos eso creía, a través de la luna. Fue una experiencia única, pues, aunque parezca una locura, sentí su presencia a mi lado; su mano me tranquilizaba, y me acogía en sus brazos. Pasé toda la noche con la sensación de tener a mi madre cerca, hasta que me adormilé.

Después de aquella noche de agotamiento físico y plenitud emocional fui el primero en levantarme al día siguiente. Curiosamente había recuperado un poco la energía, y empecé a despertar a los demás para seguir el camino antes del amanecer. Adama y Aliou se despabilaron, aunque con esfuerzo, pero al acercarnos a llamar a Ibrahim, este no respondía, ni siquiera respiraba porque un tapón de sangre coagulada obstruía sus orificios nasales. No teníamos agua con que limpiarlo y nadie sabía primeros auxilios. De todas formas, ya era tarde.

—Se acabó. Ibrahim nos ha dejado —dijo Aliou, de rodillas y con la mano en el pecho de Ibrahim.

—¿Qué hacemos ahora? —pregunté a los chicos.

Nadie decía nada. Nos quedamos en silencio, mirando a nuestro amigo tumbado en la arena. Se nos empezaron a caer las lágrimas. No lo podíamos sacar de allí, pero tampoco quedarnos con él. Le tuvimos que enterrar en la arena, le rezamos una oración y seguimos nuestro camino mirando hacia atrás, como si Ibrahim pudiera levantarse y seguirnos. La noche anterior, cuando observaba el cielo, localicé la estrella polar, y me acordé de que de pequeños nos insistían en que señala siempre al norte, así que propuse a los chicos seguir una dirección con la esperanza de desembocar en cualquiera de los dos países al norte de Níger: Libia o Argelia. No estaba seguro de nada, la verdad. Después de tres horas andando, el calor volvió a hacerse presente, y de nuevo el cansancio hizo mella. En ese momento vimos pasar un torbellino muy alto, y fuimos a su encuentro. Adam era el que más cerca estaba, y de repente levantó la mano señalando un punto. No le oíamos, pero intentaba decirnos que había un pozo en aquella dirección. Cuando al fin le alcanzamos y avanzamos hacia donde decía, comprobamos que, en efecto, había un pozo abierto por alguien en esa zona del desierto, quizá más transitada de lo que parecía. El pozo era tan profundo que no se veía el agua. Nos quedamos cerca, por si venía alguien. Después de una hora vimos una caravana de tuaregs acercándose con sus camellos. Empezaron a hablar en su idioma, pero ninguno de nosotros los entendía. Al cabo de un rato comprendieron que necesitábamos ayuda. Lo primero que hicieron fue atar a un camello la cuerda del cubo que estaba en el pozo y lanzarlo a las profundidades; luego, el camello comenzó a caminar tirando del cubo hasta que este salió lleno. Por fin pudimos ver agua tras largos días de sed. Los tuaregs nos tumbaron en la arena y nos empaparon con el líquido antes de dárnoslo a beber. Jamás había saboreado tanto el agua como aquel día. A continuación nos ofrecieron leche de camello, pan, dátiles y carne seca de vaca. En un visto y no visto se sacaron un banquete de la nada, y lo comimos con ellos. Por la noche hicieron una hoguera y nos sentamos alrededor para tomar té hirviendo y así «refrescarnos», según ellos. Algunos intentaban hablar francés para comunicarse con nosotros, pero les costaba. Uno nos preguntó de qué país y etnia éramos, a lo que yo respondí que era hausa y fula. Por suerte, él hablaba hausa, así que pudimos contarles por todo lo que habíamos pasado.

—¿Adónde vais? —me preguntó.

—Queremos ir a Libia —le dije.

—Aquí estáis más cerca de Argelia así que, si no se os ha perdido nada ni nadie en Libia, os recomiendo cambiar de plan, por vuestro bien —respondió tajante—. Os podemos acercar a la frontera, que no está muy lejos, y de allí tendréis que cruzar la montaña a pie para llegar a Tamanrasset.

Esa misma noche nos pusimos en camino con la caravana. Nos enseñaron todo lo que teníamos que evitar y cómo manejarnos en el desierto. Cuando llegamos a la frontera con Argelia, nos dieron consejos para evitar los controles policiales y elegir las mejores sendas hacia Tamanrasset. Me regalaron un colgante con el escudo de los tuaregs, que todavía conservo, y a mis dos compañeros les dieron unas pulseras hechas con cuero de camello. Apenas nos acabábamos de conocer y ya nos estábamos despidiendo, pero con las energías cargadas y buenas provisiones para seguir el camino.

Nos delata nuestra piel

Después del periplo del desierto, con mucha dificultad llegamos a Tamanrasset, una ciudad ubicada en el extremo sur de Argelia, a mil novecientos kilómetros al sur de Argel y a unos cuatrocientos al norte de la frontera con Mali. Tamanrasset —la perla del Sáhara, como se la conoce— es un vasto territorio de tierra árida en medio del desierto. Es también la capital de Hoggar, con sus espectaculares cordilleras, y la región de Argelia con más tuaregs. De hecho, se considera su capital. De no ser por las montañas, no existiría apenas cambio de paisaje respecto al norte de Níger. Nos vimos allí por casualidad, a causa de los tumbos de ese viaje lleno de cambios y sobresaltos. Uno de mis compañeros, Adam, lo vivió con frustración, como un «fracaso», y se puso a buscar, por todos los medios, cómo llegar a la capital de Libia, Trípoli, donde lo esperaba su hermano.

Argelia era tierra hostil para nosotros o, mejor dicho, para cualquiera con nuestro color de piel. Por primera vez en la vida tomé conciencia de mi negritud, me di cuenta de que era negro. En Camerún, mi país —o en los países africanos por debajo del Sáhara que hasta entonces había recorrido—, mi color de piel no había sido motivo de discriminación o desprecio, pero, como comprobamos, el racismo y la negrofobia están muy extendidos en el norte del continente. A nuestra llegada a Tamanrasset, encontramos en la calle a dos chicos de Mali que iban a comprar a una tienda y que se nos acercaron para advertirnos de los peligros de transitar por la ciudad si eras negro.

—Hay patrullas de policía que buscan a cualquiera que sea negro para devolverlo al desierto, y la gente del pueblo no nos suelen tratar bien —nos dijeron.

—¿Qué podemos hacer? —les pregunté.

—Aquí, generalmente, nos organizamos entre comunidades, en casas autogestionadas a las afueras, esforzándonos en no llamar la atención de los vecinos ni de la policía. Salimos a por provisiones una vez por semana. Algunos trabajan en la construcción para poder comer.

—¿Nos podéis llevar a una de esas casas?

—Claro, pero si queréis venir a la comunidad maliense, tendréis que decir que sois de Mali.

—Vale, de acuerdo, vamos.

Nos llevaron al gueto —casa de la comunidad—, a unos cuarenta minutos andando. Durante el recorrido no paraban de repetirnos que tuviéramos cuidado porque es imposible pasar inadvertido cuando el color de piel te delata. A veces, incluso, los dueños de algunos locales les tiraban piedras y debían protegerse y aguantar la humillación, ya que no podían defenderse. Llegamos al gueto, una casa ocupada con un pequeño portal y un patio interior. Era una habitación de apenas diez metros cuadrados, con una parte de la pared en ruinas, desplomándose. Habían puesto cartones en el suelo.

—Bienvenidos. Aquí dormimos todos, salvo los nuevos, que se quedan en el patio —nos lanzó el *chairman* o jefe de la comunidad.

Esa misma noche nos explicaron las normas de convivencia y lo que debíamos tener en cuenta para no caer en manos de la policía en caso de redada. Lo que más nos llamó la atención era el hecho de no poder salir a la calle durante por lo menos un mes. Esa norma era para todos los nuevos integrantes de la comunidad. Cada día veíamos cómo los chicos salían a buscarse la vida y a trabajar en la construcción. A la vuelta, según nos contaban, pasaban por el vertedero a buscar comida, fruta o verdura que la gente tiraba. Sobrevivíamos con eso y las compras semanales. Se nos hacía eterno estar encerrados, pero sabíamos que era por nuestro bien, por protección. A cambio, asumíamos las tareas de cocina todos los días.

Cuando al fin pudimos salir, tuvimos que ir con unos guías que nos orientaron y nos enseñaron qué lugares evitar. Me ofrecieron sustituir a un chico en una obra, porque él no se encontraba bien. Yo no tenía la menor experiencia en construcción, pero debía aceptar o asumir una sanción que podía incluir hasta varios días sin comer. Cuando llegué allí, hacía muchísimo frío, mi ropa era de poco abrigo, y nos metieron a siete en una habitación oscura y helada donde el jefe argelino nos cerró con llave, porque, según él, la policía podía aparecer en cualquier momento a echar un ojo a la obra. Allí dentro, sin guantes, teníamos que doblar grandes barras de refuerzo de hormigón, sin poder vernos las caras por la falta de ventanas y de electricidad. Como el hierro estaba gélido, acabábamos con las manos congeladas. Teníamos un único descanso de diez minutos en la larga jornada que se extendía desde las ocho de la mañana hasta las ocho de la tarde, y como única comida del día nos daban una barra de pan y una bolsa de ciento cincuenta mililitros de leche. Después de cuatro jornadas noté un brote fuerte de la sinusitis que sufría desde niño. Pregunté si habría otra tarea en la obra donde se pasara menos frío. Al día siguiente me pusieron en el octavo y último piso del edificio para tirar de una cuerda atada a un cubo lleno de cemento. Era un trabajo que requería de mucha fuerza, algo que me faltaba porque apenas comíamos. Tiré de la soga una y otra vez, desesperado, pero el cubo apenas subía. En el último intento, su peso estuvo a punto de echarme abajo. Pasé tal pánico, pues me vi estrellado, que al fin abandoné. El jefe se puso hecho una fiera, se negó a asignarme otra tarea y, sin más, me echó.

En todas las obras, los jefes abusaban de los trabajadores y muchas veces no les pagaban, pues el cobro se hacía al final de cada semana. En mi caso, sin ir más lejos, cuando le pedí al encargado que me pagara los cinco días trabajados, él se negó, alegando que me faltaba una jornada para completar la semana. Para apelar a sus valores de musulmán y creyente, le pregunté cómo podía rezar a Dios cada día y, a la vez, abusar de gente indefensa de esa manera. Me contestó, fuera de sí, que cogiera la escalera que tenía a mi espalda y subiera al cielo para preguntarle cara a cara a Dios que cómo le pensaba castigar. Acto seguido amenazó con llamar a la policía para delatarme si no me largaba de inmediato. Así que me tuve que ir, dolido e impotente ante ese abuso que no suponía un caso aislado, sino una explotación habitual, sistemática y normalizada de los inmigrantes en Argelia, con mano de obra abundante y clave, sobre todo en el sector de la construcción.

Fuego en la trinchera

Eran las tres y media de la madrugada en la estación de Orán, Argelia. Acababa de llegar, y las taquillas para comprar los billetes estaban cerradas. En las ventanillas, a la entrada, había un cartel que avisaba de que empezaban a vender a las seis. Me sorprendió ver a tanta gente dormitando por las esquinas alrededor de la estación, por las temperaturas tan bajas que había. Pero también me di cuenta de que había guardias de seguridad patrullando por el vestíbulo y echando a la calle a esa gente que se guarecía dentro y que, cinco minutos después, intentaba entrar de nuevo y echar una cabezadita bajo techo. Yo quería comprar un billete para Maghnia, una ciudad a veinte kilómetros de la frontera con Marruecos, con la intención de buscar trabajo allí o seguir hacia el país vecino. En la estación de Orán, varias personas me dijeron que a los negros no se les permitía coger el tren, aun habiendo comprado el billete. La única manera de viajar era agarrarse a un vagón por fuera o esconderse en los baños hasta llegar a destino. Era clave no ser descubierto, porque viajar sin permiso podía conllevar pena de cárcel. Entre Orán y Maghnia había unos ciento treinta y siete kilómetros, por lo que, con el desgaste físico y emocional que llevaba acumulado a esas alturas del viaje, no podía plantearme recorrerlos a pie. Comprobar que no era el único obligado a viajar de esa manera me dio valor. Así que, a pesar del miedo, me uní a un grupo de seis chicos que iban a esconderse a la espera del mismo tren. No hablamos casi nada, pero por su apariencia y su acento supuse que eran de la parte oriental de África.

Poco antes del amanecer, sobre las seis y media de la mañana, uno de los chicos nos alertó de la llegada del tren para que estuviéramos listos y no lo perdiéramos. Él tenía experiencia porque había intentado subir varias veces antes. Por lo que vi, yo era el único que no llevaba nada con que protegerme las manos, así que uno de los chicos sacó un par de guantes de su bolsillo y me los dio. «Los necesitarás, por el frío», me dijo. El tren se detuvo a recoger a los pasajeros, y nosotros seguimos agazapados hasta que, cuando arrancó, saltamos y nos encaramamos a las pasarelas entre los vagones. Así recorrimos la distancia hasta Maghnia. Recordé las noches del desierto y el frío que pasé en la obra, pero en ese momento aún era peor, pues el tren viajaba a toda velocidad, a la intemperie, sacudido por el viento. Tenía las manos tan congeladas que debía mirar para comprobar si aún seguía agarrado. Perdí la sensibilidad. Tenía miedo de que algún cimbronazo me hiciera caer, porque sentía los dedos como anestesiados. De repente oí un ruido muy fuerte y gritos detrás de mí. Era él, el chico que me había dado los guantes antes de subir al tren. Fue un visto y no visto, por la velocidad a la que íbamos. Se cayó y desapareció. Otro horror. Cerré los ojos muy fuerte y no los volví a abrir en todo el trayecto. Estaba aferrado a la vida, agarrado a ella con uñas y dientes. Una vez en la estación de Maghnia vimos a muchos policías controlando las salidas, así que decidimos escapar por las vías. Nos dispersamos para no llamar la atención, y, con discreción, pudimos abandonar el recinto.

De nuevo volvía a estar solo, en plena montaña. Caminaba sin rumbo, hasta que encontré a un pastor con sus ovejas. Intentamos comunicarnos, pero era difícil. Yo mezclaba el francés con el *fus'ha*, árabe clásico. Al final me indicó dónde podía encontrar a «africanos», refiriéndose a los negros. Después de caminar un buen trecho por la sierra llegué a un sitio donde había una enorme tubería. Empecé a ver humo y a escuchar a gente hablar en pidgin.[35] Sentí, al fin, que me acercaba a algo familiar.

—¿Qué haces aquí? —me preguntaron los primeros que me vieron.

Les expliqué lo que me había pasado y, cuando les dije de dónde era, me llevaron al asentamiento camerunés que había al lado. El grupo se organizaba en torno a unas tuberías subterráneas muy antiguas donde ya no pasaba agua. Cuando llegué, había mucha gente alrededor de una hoguera. El máximo responsable del asentamiento empezó a explicarme, igual que me pasó en la casa autogestionada de malienses en Tamanrasset, las normas de convivencia y las medidas de precaución ante las redadas policiales. Me asombró comprobar hasta qué punto aquel lugar era casi una administración camerunesa en las montañas argelinas. Cada persona tenía su función, e incluso había una especie de «servicios de inteli-

---

35. Inglés mezclado con idiomas locales, hablado en varios países africanos, como Nigeria, Camerún, Ghana, etcétera.

gencia y policía» del asentamiento. Se ocupaban de vigilar los alrededores para recabar información, a través del equipo encargado de ir una vez por semana a hacer la compra en los pueblos colindantes, para saber si la policía tenía prevista alguna operación de desalojo.

Había alrededor de setenta personas en ese asentamiento. Todas dormían sobre cartones dentro de la tubería, a la que llamábamos «búnker». Cuando me lo enseñaron por dentro, estaba mojado porque había llovido, y los cartones, húmedos. «Aquí solo dormimos —dijo el encargado de guiarme—. No se puede comer dentro porque los ratones salen de sus agujeros a buscar los restos». Finalmente me enseñó el sitio que me correspondía dentro del búnker, justo a la entrada, porque todos los nuevos, según él, empezaban ahí haciendo las guardias nocturnas para avisar en caso de una posible redada.

La primera semana pasó muy rápida. Me adapté como pude a mi función de vigilante, con mi silbato colgado del cuello, aunque me caía de sueño al no poder descansar ni de noche ni de día. Al ver que la policía no venía nunca, al final solo esperaba a que todo el mundo se durmiera para adormilarme yo también. Estaba tan confiado que, en vez de quedarme dormido fuera del búnker, desde donde se suponía que tenía que pasar la guardia, sin que nadie se diera cuenta, me iba acercando cada vez más y más, hasta que llegaba a entrar para pasar, al menos, parte de la noche. Viví así dos meses hasta que llegaron cuatro chicos nuevos y me sustituyeron.

Una noche, el nuevo equipo de guardia se quedó dormido, y vino la policía. Los agentes y gendarmes llegaron tan sigilosos que no nos enteramos de nada hasta que ya era tarde. Habían parado sus furgones lejos del asentamiento y se habían acercado andando. Todos estábamos profundamente dormidos; serían las tres de la madrugada. En vez de detenernos, prendieron fuego a las dos entradas de la tubería. Nos despertamos en medio de una enorme nube de humo. Tosíamos, nos costaba respirar, pero no sabíamos qué estaba pasando. Despiertos todos ya, nos vimos atrapados por el fuego y nos entró el pánico. El chico que dormía en una de las entradas fue el primero en atreverse a cruzar las llamas para escapar, y todos los demás lo seguimos. Fuera había policías y gendarmes arrestando a los que podían. Un gran número de chicos, entre los que me encontraba, huimos y nos dispersamos por las montañas. El que había abierto el paso tenía quemaduras, por lo menos, en el 80 por ciento de su cuerpo. La ropa se le pegaba a la piel. Aquel episodio fue tan terrorífico que, cada vez que lo recuerdo, revivo esos cinco minutos de pánico. Dejé el búnker atrás y, desde lo alto del monte al que llegamos, decidí poner rumbo a Marruecos, que estaba, según había oído a los chicos, a unos ochenta kilómetros siguiendo las viejas vías de tren que estaba en desuso desde el cierre de fronteras en 1994.

Marruecos y Argelia son dos países que arrastraban un conflicto histórico que se agravó con la postura de Argel respecto a la causa saharaui y su apoyo al Frente Polisario, además del atentado de tres jóvenes franceses de origen argelino en el hotel Atlas Asni de Marrakech, en 1994,[36] donde murieron dos turistas españoles. Son dos naciones que comparten

36. Moral, Pablo, *Marruecos y Argelia: la fractura del Magreb*, EOM, 2018, <https://elordenmundial.com/marruecos-y-argelia-la-fractura-del-magreb/>.

una frontera de mil quinientos cincuenta y nueve kilómetros que, por tradición, funcionaba como conexión y zona de intercambio entre quienes vivían a ambos lados, que cruzaban de uno al otro con facilidad e, incluso, tenían parientes en el estado vecino. El cierre de las fronteras supuso enormes pérdidas económicas, además de dramas personales para las gentes de los pueblos fronterizos. Es triste constatar que dos países con tanto en común —cuyo intercambio comercial, cultural y social habría sido beneficioso a ambos lados de la frontera— siguen levantando muros entre ellos. Los vecinos de los pueblos limítrofes se ven condenados, si quieren ver a sus familiares en el otro país, a viajar hasta grandes ciudades como Oujda, y después a Casablanca, para coger un vuelo a Argel, en vez de llegar por carretera hasta la frontera. En total, recorren más de dos mil kilómetros en lugar de los ochenta que los separan en línea recta.

Oujda nichen

Eran las cinco de la madrugada. La atmósfera estaba gélida. Nos encontrábamos desperdigados por la montaña tras escapar de la muerte en el búnker. Yo seguía en *shock*. El sueño quería hacer que me rindiera, pero, al mismo tiempo, quería continuar, más y más, hasta escapar de aquel lugar hostil. Al fin di con las vías del tren y empecé a seguirlas. Me acompañaba el canto de los primeros pájaros despiertos y la llamada a la oración que resonaba desde los minaretes de las diversas mezquitas de los alrededores. Me aferraba a la vía como línea de referencia, pero a veces tenía que apartar arbustos y hierbas para no perderla. Ignoraba qué me esperaba en Marruecos, pero eso era lo que menos me importaba. Irme de Argelia constituía mi única esperanza.

A mitad de camino vi un coche en el horizonte y me deslumbró con las luces. Me detuve. Se acercó a mí, se paró y empecé a oír ladridos. Era una patrulla de policía fronteriza argelina. Me ordenaron quedarme quieto mientras los perros me rodeaban olisqueando lo que yo pudiera llevar de contrabando. Justo después me dijeron que no podía estar allí y me plantearon dos opciones: o me detenían y me hacían rodar de un calabozo a otro hasta que me devolvieran al desierto, en la frontera con Níger, o seguía sus indicaciones y cruzaba á Marruecos, esquivando el control de la policía marroquí. *«Nichen»*, me dijeron. Entendí por su gesto que significaba «todo recto». La elección estaba clara, pero me sorprendió que me la plantearan de esa manera, y más aún su amabilidad al darme una botella de leche y dulces para recobrar fuerzas. No tardé en entender que ellos solo buscaban tener un inmigrante menos en suelo argelino. Seguí mi camino y, al caer la noche, me refugié en una cueva. Al amanecer retomé la senda con aquella palabra, *«nichen»*, en mente. Por fin vi de lejos la bandera marroquí. «¡Lo conseguí!», recuerdo que grité.

Cuando estaba en el búnker, había gente que iba y venía de Oujda, Marruecos, a Maghnia, Argelia. En las tertulias nocturnas, los escuchaba siempre hablar de la «Fac.» en Oujda. Era la explanada de la universidad de esa ciudad, donde se reunían los migrantes negros que vivían en los bosques colindantes. Así que, al llegar a Marruecos, mi primer acto reflejo fue parar un taxi para ir a la Fac., pero comprobé pasmado que ninguno se detenía a mi señal, ni aminoraba a escuchar qué les quería indicar. Más tarde descubrí que, en aquella época en Marruecos, los taxis no cogían a los inmigrantes negros. De hecho, pude haber sido detenido por la policía, ya que caminaba tan campante por la calle, cuando, en realidad, los negros huían de las redadas para no ser devueltos en la frontera con Argelia.

Después de dos horas andando, sin rumbo, se detuvo un hombre y me preguntó a dónde iba. Le dije que estaba buscando el lugar donde se juntaban los inmigrantes. Sin dudarlo, se ofreció a llevarme en su coche. En cuanto nos sentamos, el hombre sacó de la guantera un bote de ambientador y empezó a pulverizarnos a mí y a todo el interior del coche. Al principio no entendí por qué lo hacía. Luego, cuando caí, me sentí humillado. No le dije nada, claro, porque yo solo quería llegar a la Fac. Tenía necesidad de contactar con otros en mis circunstancias, descansar, recobrarme emocionalmente y ver si seguía adelante o daba la vuelta. Pero el gesto de escrúpulo y asco de aquel buen samaritano marroquí se ha quedado grabado en mi mente. Para siempre.

Lluvia de piedras

Mi paso por la Fac. me condujo a los campamentos del bosque de Oujda. Cada fin de semana había dos convoyes, dirigidos por los más antiguos del lugar, que salían hacia el norte de Marruecos. Unos iban a Castillejo (Tetuán), y otros, al monte Gurugú (Nador). Todo estaba muy organizado por el «gobierno» del bosque y dividido por nacionalidades. Cada uno tenía que esperar su turno, dependiendo del orden de llegada. Mientras, la convivencia se organizaba en grupos, unos encargados de hacer la compra, otros de recoger agua en el pueblo más cercano, y otros de preparar la comida. Las tareas se rotaban cada día que salía un nuevo convoy. Allí, en la zona del campamento de la comunidad camerunesa, vi a Abba, un amigo de mi barrio. No tenía ni idea de que también hubiera emigrado, así que encontrarle allí fue una enorme sorpresa. Abba fue un gran apoyo para mí. Me orientó en mis decisiones porque él llevaba tiempo en el lugar y sabía cómo funcionaba.

Después de un mes en Oujda, llegó el momento de meterme en el convoy hacia las ciudades fronterizas con España. Ese día coincidió con la noticia sobre una entrada a través de la valla de Melilla. Todos estábamos felices porque algunos de los afortunados que lograron cruzar en aquel intento habían sido, dos semanas antes, compañeros nuestros en el campamento. Todo apuntaba a que podía ser una buena oportunidad para pasar. Me encontraba indeciso sobre si ir a Castillejo o a Nador, pero lo consulté con Abba, quien, sin pensarlo, me dijo que la segunda opción era la mejor. «Allí estarás menos expuesto a las redadas policiales. Además, la semana que viene, en cuanto termine la obra donde estoy y me paguen, podremos reencontrarnos». Así me animó a unirme al grupo que clamaba: «¡Vamos al Gurugú!». Estábamos seguros de que nos esperaba un gran *boza*: la ansiada victoria y libertad.

Salimos muy temprano hacia Nador. Ninguno decidió ir a Castillejo, animados por el precedente del exitoso salto a Melilla. Anduvimos unos quince kilómetros antes de llegar a un gran almacén para esperar a subir a las plataformas de los trenes que llevan mercancías a Fez. Tras tres horas, los chicos empezaron a coger piedras que, cada uno, iba metiendo en una bolsa de plástico. «Aprovisionaos; son nuestra munición», insistían los veteranos, aunque no entendía a qué se referían. Entonces me explicaron que las necesitábamos para disuadir a los niños que juegan a tirar piedras a los negros cuando el tren pasa por sus pueblos. Que eso sucediera me sonaba tan absurdo, tan increíble, que no me cabía en la cabeza. Por si acaso, hice como todo el mundo y cogí un par o tres de pedruscos. Cuando, al poco, vimos aparecer el tren, todos nos preparamos para saltar pues, en ese punto, no paraba del todo, solo aminoraba.

Agarrados ya a las diferentes plataformas, íbamos atentos a no caernos, callados y concentrados. Así estuvimos toda la primera hora sin sobresaltos. Pero entonces sucedió. Nos empezó a caer aquella tromba de piedras. Llovían por todas partes y, aunque estábamos advertidos, aunque se sabía que iba a ocurrir, varios chicos resultaron heridos. Recibí varias pedradas, por suerte solo en los brazos. No tuve tiempo de reaccionar y defenderme, tirando las que yo llevaba. Otros, la mayoría, pudieron responder. Pero no bastó para frenar a los niños que nos atacaban. Fueron instantes de caos y pánico. Había que protegerse de las piedras y de la posibilidad de caer. Solo cinco minutos. Pero los primeros de muchos. El disparate de aquella violencia infantil se repitió en cada pueblo, una y otra vez, hasta que llegamos a Fez.

Bienvenido al monte Gurugú

Llegamos a Nador de madrugada y, una vez allí, teníamos que encontrar el monte Gurugú antes del amanecer para evitar las redadas policiales. El único de nuestra expedición que se suponía que era capaz de guiarnos no se acordaba del camino porque siempre había hecho ese recorrido de día. Estábamos exhaustos, pero nos esforzábamos en espabilarnos para reaccionar rápido ante imprevistos y ataques. Nos habían contado que, dos semanas antes, un grupo de jóvenes marroquíes atacaron a cuchillazos a un chico de Guinea Conakry que aún seguía en coma en el hospital. Después de casi cuatro horas de caminata, y tras perdernos varias veces, llegamos al pie del monte Gurugú. Pese al agotamiento, decidimos subirlo sobre la marcha. Entre el pinar íbamos encontrando diversos campamentos camuflados. Los asentamientos estaban, como siempre, organizados por comunidades nacionales. En la camerunesa, donde nos tocaba estar, la gente, dada la hora, aún dormía. Era evidente la huella de redadas recientes de los militares marroquíes: chabolas destruidas y quemadas. Salvo los que habían reconstruido sus casetas con mantas donde se veía el logotipo de Médicos Sin Fronteras, la mayoría dormían a la intemperie. Los primeros en despertarse se acercaron a darnos la bienvenida. El lugar podía suponer la última etapa de la larga odisea. Pero para pisar «El Dorado», antes debíamos superar una triple valla de seis metros de alto. Sentado en una piedra, por primera vez podía ver a lo lejos el infranqueable enclave de Melilla, territorio administrativamente español, situado al noreste del continente africano.

Para resumir la vida en el bosque del monte usaría tres palabras: supervivencia, resiliencia y resistencia. Casi todos a los que encontré allí habían fracasado varias veces en su intento de entrar a Melilla. El cansancio y la tristeza se notaban en sus rostros, y sus cuerpos estaban, además, cosidos de cicatrices. Con más de tres años a sus espaldas en el lugar, Abou era el más veterano y el que mejor conocía todos los rincones del monte. Durante el día nos dispersábamos por la ciudad, a escondidas y con cuidado de no cruzarnos con los militares o con la policía, para mendigar por la calle o recoger comida en la basura y llevarla al monte. Era la única manera de sobrevivir en nuestras circunstancias.

Los viernes íbamos muy temprano a los cementerios a pedir limosna, porque era el día de las visitas a los fallecidos. Después hacíamos lo mismo a las puertas de las mezquitas. Me costaba mucho pedir en la calle, me moría de vergüenza, así que me apostaba ahí, a la entrada del camposanto y de los lugares de culto, y me ponía a leer el Corán mientras algunos se apiadaban y me echaban unas monedas. Mi libro era un pequeño Corán, regalo de mi madre cuando cumplí diez años, que me acompañó todo mi viaje.

Un viernes que fuimos a la mezquita. Un hombre vino a

repartir dinero para hacer la *zakat*.[37] Nos dio tanto que fuimos directos a comprar para llevar comida al bosque y compartirla con nuestros compañeros. Todos los cameruneses cristianos que estaban en el campamento nos pidieron a los musulmanes que les enseñáramos los movimientos del rezo musulmán para ir a la mezquita el siguiente viernes, porque pensaban que eso ocurriría cada semana. Siete días después, durante el rezo del viernes, no solo los musulmanes, sino también los cristianos, llenaron la mezquita a la espera de que, de nuevo, apareciera alguien a dar la *zakat*. Pero se llevaron un gran chasco al confirmar lo que les habíamos advertido: la *zakat* se entrega una vez al año.

Con parte del dinero que habíamos recibido de la *zakat*, otros cinco chicos y yo compramos una pequeña embarcación hinchable para entrar a España por mar. No se lo dijimos a nadie porque la capacidad de la balsa era limitada. Salimos a la una de la madrugada y caminamos cerca de una hora, antes de llegar a la costa en la que embarcaríamos. Había muchas patrullas de la Marina Real marroquí. Pasamos desapercibidos porque el mar estaba embravecido y soplaba un viento fuerte. Una vez en la orilla, inflamos la embarcación y nos dispusimos a zarpar, pero el viento y las altas olas nos tumbaban la balsa una y otra vez. Uno de los compañeros tiritaba tanto que le temblaba todo el cuerpo y no podía tenerse en pie. Nos dijo que él abandonaba. Después de tres intentos más, en vano, yo también me retiré. Los cuatro compañeros que quedaban lo volvieron a intentar, y justo cuando consi-

37. Tercero de los cinco pilares del islam. Es una proporción fija de la riqueza personal que debe tributarse para ayudar a los pobres y necesitados. Algunos lo traducen como «limosna».

guieron estabilizar la embarcación, empezaron a achicar agua y se metieron de un salto, antes de salir remando. Los dos que quedamos en la orilla veíamos cómo remaban con mucha dificultad contra las olas y el vendaval. Regresamos rápido al monte para evitar sospechas, y ya no volvimos a saber de aquellos compañeros hasta dos semanas después, cuando nos dijeron que su barca había naufragado en las costas de Beni Ensar. La noticia golpeó a todo el campamento, pero fue especialmente dura para nosotros, pues nos bajamos en el último segundo.

Aquella tragedia me dejó la moral por los suelos. En un salto a la valla de Melilla en el que no pude participar, hasta dos grupos consiguieron entrar. Tenía que espabilar para estar listo de cara al siguiente intento que se estaba preparando. Un día después del último salto exitoso, fuimos de nuevo a la valla tras tres paradas para organizarnos y recibir las últimas consignas de los compañeros experimentados que ya habían tratado de escalarla, sin lograrlo. Sabíamos que los militares marroquíes blindarían la zona por donde se habían realizado las dos últimas entradas, así que la descartamos. Lo que no sabíamos era que en el sitio elegido se había hecho una reforma y se habían cavado zanjas al pie de la valla, rellenadas con cuchillas camufladas entre hierbas secas. La noche del salto, una vez estábamos en las inmediaciones, nos vimos rodeados de agentes de las fuerzas auxiliares marroquíes. Varios compañeros del grupo en cabeza cayeron a la zanja de las cuchillas. Oíamos sus aullidos de dolor. Tenía delante a un chico de Guinea Conakry que quedó atrapado y, junto con otros dos, intentamos alzarlo. Cada movimiento que hacíamos para liberarlo le causaba cortes en la pierna atrapada. Mientras, un compañero encaramado a la valla se quedó enganchado por las axilas con las cuchillas, y un militar marroquí que vino le tiró de la pierna desde la valla hasta hacerlo caer. Solo se escuchaban gritos y golpes. Ese día hubo muchos heridos y detenidos, y nadie logró entrar en Melilla.

Nos llevaron al calabozo de Nador antes de devolvernos, por la zona trasera del aeropuerto de Oujda, a la frontera con Argelia. En la celda en que nos metieron había un rincón con manchas de sangre en el suelo y en la pared. Aquella noche entraron cinco policías y empezaron a pegarnos con las porras y con un hueso de camello. Nos golpeaban con las botas, mientras nos preguntaban si queríamos más «café», haciendo referencia a la paliza. Al día siguiente nos volvieron a despertar con otra tunda, antes de meternos en la furgoneta que nos llevó a Oujda. Después de tres horas y media de viaje llegamos a un sitio medio desértico donde los policías nos registraron para despojarnos de cuanto teníamos antes de abandonarnos. Casi todos estábamos heridos, algunos tenían esguinces o fracturas. Pasamos la noche allí. Y por la mañana nos encaminamos hacia el campamento de Oujda, donde Médicos Sin Fronteras nos curaron las heridas.

Tras unos días de descanso, reinicié mi camino al monte Gurugú. Cuando llegué, el bosque estaba casi vacío. Fui a recoger agua a una roca cerca del campamento de los senegaleses y me encontré con un grupo de chicos que me dijeron que la noche anterior había ido una patrulla de militares y había dicho a los del campamento que intentaran entrar por un lugar de la valla donde no pondrían controles. Lo lograron todos, por eso no quedaba apenas nadie. Una vez más había habido una gran entrada y no pude participar. Y lo sucedido, por más que extrañe, no era raro. De vez en cuando, agentes infiltrados en el bosque llegaban y pedían al grupo de migrantes que preparara un intento de entrada. De forma arbitraria, al final, unas veces cumplían su palabra y hacían la vista gorda y otras los arrestaban. Finalmente nos dimos cuenta de que dependía de un perverso sistema de intereses nacionales. Era un mecanismo de chantaje a España y Europa que Marruecos utilizaba para justificar la petición y el cobro de fondos sujetos al control migratorio.

Ahora sí que me quiero ir a casa

Tras casi ocho meses en el monte Gurugú y varios intentos fracasados de entrar a Melilla, después de devoluciones a la frontera con Argelia y de ver que, mientras algunos compañeros lograban pasar a España, yo seguía en Marruecos, me hundí. No dejaba de pensar, sobre todo de noche, en el demencial recorrido que había tenido que hacer, en los obstáculos, en la cantidad de situaciones humillantes por las que había pasado. Todo me llevaba a concluir que no merecía la pena seguir intentándolo. Así que decidí abandonar, buscar la manera de regresar a Camerún. Quería volver a casa. De hecho, empecé a pensar en qué haría cuando llegase a mi país.

Me planté en la embajada de Camerún en Rabat para asesorarme y averiguar si había algún programa o ayuda para repatriarme. Fueron muy amables conmigo: me dieron la información acerca del programa de Retorno Voluntario de la Organización Internacional para las Migraciones (OIM) y el contacto de esa organización en la capital marroquí. Me dijeron que, desde la embajada, una vez que la OIM aceptara mi solicitud, me darían un salvoconducto. Al día siguiente, por la mañana temprano, me presenté en la sede de la OIM para explicarles mi caso y ver si habría opción de acogerme al programa. Había vivido tantos fracasos en mi periplo que pensaba que no me atenderían, y me quedé sorprendido cuando me dijeron que volviera para la primera entrevista dos semanas después. Con esa noticia positiva, ya me veía con un pie en mi Duala natal.

Durante los quince días que aún tendría que esperar me alojé en una habitación compartida con compatriotas cameruneses. Una noche, mientras cenábamos, nos llegó la noticia de que un grupo había conseguido entrar a Ceuta. Fue una gran alegría. Nos pusimos a gritar: «¡*Boza, boza!*». Los compañeros, dejándose llevar por la euforia, empezaron a preparar su viaje a Castillejo, en Tetuán, para intentar cruzar por allí la frontera ceutí de El Tarajal.

—Vente con nosotros, Sani —me dijo un compañero llamado Blaise.

—No, ni hablar. —Me resistí a la tentación de cambiar de opinión sobre mi regreso—. Os deseo toda la suerte del mundo. Id vosotros, adelante. Yo esperaré a mi cita con la OIM.

—Pero ¿cómo vas a volver a Camerún justo ahora que hay opción de cruzar? Venga, que no pierdes nada por intentarlo. Si no conseguimos entrar, podrás recuperar la entrevista.

—No intentes convencerme. Llevo casi un año malviviendo aquí y quiero volver a casa.

—Hay gente que lleva más de cinco años en Marruecos, pero no dejan de intentar entrar hasta que, al final, lo consiguen.

—Ay, bueno, no sé. —Dudé—. Lo sopeso y os digo.

A los dos días de nuestra charla supimos de una nueva entrada a Ceuta. Entonces reconsideré mi decisión y hablé con los compañeros que salían esa noche hacia Tetuán.

Blaise nos dijo que había una única agencia de transporte que aceptaba llevar a los negros, pero que teníamos que viajar de noche en la parte trasera de un autobús, sin que ningún pasajero local nos viera. No teníamos elección. Al caer el sol, compramos los billetes sobre la marcha y nos metieron disimuladamente en la parte de atrás del bus. Después de casi seis horas de viaje, el vehículo se detuvo y el conductor nos pidió, solo a nosotros, que bajáramos. Pensábamos que habíamos llegado al destino, pero una vez fuera, nos dimos cuenta de que el conductor había parado ante una comisaría para entregarnos a la policía. Había varios agentes en la puerta, esperándonos.

Nos metieron en el calabozo. Yo no dejaba de lamentar haberme dejado llevar por Blaise. El jefe de turno en la comisaría se plantó ante la celda y nos preguntó si éramos musulmanes. Todos contestamos que sí. Dos de nuestros compañeros no lo eran, pero sabíamos que a veces los militares y policías de Marruecos discriminaban también por motivos religiosos. Después de responderle se acercó a mí y me dijo: «Si eres musulmán recita la *Chahada*».[38] Lo hice con mucho miedo, casi temblando, y deseando que no se la hiciera recitar a los dos que no la conocían. Por suerte, a mis compañeros no les dijo nada, pues tras escucharme, nos dio una bolsa con bocadillos y nos abrió la puerta: «Anda, marchaos. Y tened cuidado».

---

38. Testificación o profesión de fe islámica. Es la declaración de fe en un único dios (*Allāh*, en árabe), de acuerdo con las enseñanzas del profeta Muhammad.

¿Quién nos delató?

Cuando llegamos a Tetuán comprobé que en los bosques de sus inmediaciones la organización era muy distinta a la que estaba acostumbrado del monte Gurugú, en Nador. En primer lugar, los campamentos estaban repartidos entre el «gran» y el «pequeño bosque», ambos en el pueblo marroquí de Castillejo. En segundo lugar, pese a la habitual distribución por comunidades nacionales, reinaba una buena sintonía entre grupos y una coordinación que me llamaron la atención. Nada más instalarnos, supimos que se estaba preparando un intento de entrada a través del espigón de la frontera de El Tarajal. Había un equipo encargado de preparar psicológicamente al grupo: unos cuidaban la parte espiritual, con atención a las distintas creencias, y otro se centraba en motivarnos con charlas en reuniones frecuentes. El lugar de encuentro era conocido por todos.

Aquel domingo 18 de diciembre de 2011, sobre las tres de la tarde, la gente empezó a acudir desde todos los rincones, tanto del bosque grande como del pequeño. Nos juntamos migrantes de Senegal, Camerún, Guinea, Costa de Marfil y Mali, entre otros. Por primera vez nos veíamos en un mismo enclave. Los más antiguos tomaron la palabra para explicar cómo sería la tentativa de entrada en Ceuta. Un compañero, que había estudiado arquitectura, cogió unas hojas y ramas de un árbol para simular un diseño del espigón por donde tendríamos que pasar. Insistía en enseñarnos dónde se encontraba cada obstáculo para que lo evitásemos. Él había participado en el intento previo, pero no logró entrar porque se quedó atrapado en una de las trampas. Hablaba de compañeros que se habían roto las piernas al caer en hoyos camuflados en el camino. «Ya estáis prevenidos», sentenció al terminar su charla. Cada interviniente hacía mucho hincapié en la palabra «solidaridad», pues, insistieron, sería lo único que nos llevaría a alcanzar nuestro propósito.

Se preguntó por los que no sabían nadar y, una vez contabilizados, se montó un pequeño taller para fabricar flotadores con bidones y botellas de agua para que los pudieran utilizar la noche del intento. Se les propuso atarlos una cuerda a la cintura para que, en caso de necesitar socorro, cualquiera de los que sabíamos nadar pudiéramos tirar de ellos. Todos nos comprometimos con el deber de rescate ante cualquier situación de peligro. De hecho, compartimos consejos para saber reaccionar ante posibles episodios de ahogamiento. Al final del encuentro, rezamos unas oraciones en las diferentes tradiciones espirituales que había representadas en ese momento, y se estableció la fecha del intento: martes, 20 de diciembre de 2011.[39]

Cuando terminamos la reunión, nos dimos cuenta de que había un grupo de chavales de la calle en lo alto de la montaña

39. Efe Ceuta, *Marruecos aborta la entrada a nado en Ceuta de más de 80 subsaharianos*, El Mundo, 2011, <https://www.elmundo.es/elmundo/2011/12/20/espana/1324372652.html>.

que nos estaban observando. Estuvimos a punto de cambiar de fecha por miedo a que aquellos chicos nos delataran a la policía. Al final se mantuvo el día, pero se pidió a todo el mundo extremar las precauciones ante una posible redada o, incluso, un ataque por parte de esos chavales al irnos del bosque.

Estábamos todos ansiosos, esperando el gran día. Nadie salía apenas del campamento por si pudiese suceder algún imprevisto. En nuestro grupo había por lo menos siete compañeros de Camerún que ya habían estado en Ceuta, en el CETI, un año atrás, pero por desgracia habían sido deportados. En menos de cuatro meses iban a volver a intentarlo. En realidad no sabíamos lo que nos esperaba, pero ver la motivación de esos «exdeportados», como los llamábamos, nos animaba.

Por fin llegó la hora clave. Nos convocaron a todos sobre las diez de la noche. Fui de los primeros en llegar al punto de encuentro. Sobre las once y media nos dieron las últimas consignas. Cada uno tenía que atravesar una línea dibujada en el suelo y contarse a sí mismo en voz alta, así, uno tras otro, hasta habernos contado todos. Éramos ochenta y seis. Decidí dejar mis pertenencias en el bosque para ir ligero y evitar estorbos. Pero no me pude desprender del Corán que me había dado mi madre. Sabiendo que íbamos a intentar entrar a nado, lo puse en una bolsa de plástico y me lo até a la pierna.

Entre unas cosas y otras, salimos a las doce y media del bosque. Caminábamos en silencio. Todos sabíamos qué parte de la fila nos había tocado y detrás de quién debíamos mantenernos. La consigna era muy clara: tener cuidado de no pisar ramas secas para no hacer ruido. Íbamos campo a través, en vez de por la carretera, para no levantar sospechas. En más de una ocasión tuvimos que recorrer varios metros completamente agachados. Intentábamos aligerar porque teníamos que llegar, como mucho, a las tres de la madrugada al lugar desde el que nos lanzaríamos al mar. Ahí nos repartiríamos e inflaríamos los flotadores que todos, supiéramos o no nadar, decidimos al fin llevar como material de seguridad.

Llegamos al escondite cerca del mar a la hora prevista. Enseguida nos colocamos los flotadores, atamos la cuerda a los que no sabían nadar, y solo quedaba esperar a que fuera poco antes del alba, sobre las seis de la mañana, para salir de nuestro escondite pegado a la frontera y echar a nadar. Antes oímos la llamada a la oración de las mezquitas cercanas. Pero luego, para nuestro estupor, sirenas de patrulleras policiales. Se extendieron susurros del tipo: «Alguien nos ha delatado, seguro». Había quien aconsejaba retroceder. Cundió la decepción. «No nos iremos», dijeron otros. «Esperemos a las seis e intentémoslo, a ver qué pasa». Cuando, a las seis empezamos a bajar hacia la frontera, había por lo menos once furgonetas de militares y varios cordones policiales que nos esperaban. A lo lejos, en el mar, se podía ver a los agentes de la Marina Real marroquí preparados con sus lanchas. Los militares acorralaron al primer grupo que descendió de la montaña, mientras la policía tiraba piedras y disparaba pelotas de goma. Ese día nadie pudo pisar la orilla. Yo seguía en la fila de atrás, en la colina, y desde allí veíamos cómo atrapaban a los compañeros en avanzadilla. A los heridos se les apartaba; al resto, los esposaban. Los agentes de policía destruyeron sus flotadores y los metieron en furgonetas rumbo a comisaría. Nada salió bien. Alguien nos delató.

Nueva estrategia

La policía se llevó a la mayoría de mis compañeros. Solo quedamos treinta y cuatro de los ochenta y seis que éramos al principio. Se corrió la voz de no quedarnos en el bosque por miedo a una redada. Cambiamos de lugar y nos escondimos lejos de allí. Pero lo peor fue que, tras el fracaso de nuestro intento, surgió la desconfianza entre nosotros, porque no estaba claro si nos habían delatado los muchachos que vimos de lejos el día de la reunión o uno de los nuestros. Tomamos la decisión de no fijar el día del siguiente intento por anticipado, sino mantener reuniones diarias a las que acudiríamos preparados por si nos poníamos en ruta sobre la marcha.

La primera reunión fue diurna, así que por razones obvias no acabó con nuestra bajada a la playa. Al día siguiente, 22 de diciembre de 2011, nos volvimos a encontrar sobre las siete de la tarde y, entonces, tomamos la decisión de salir. Eso suponía intentar franquear la frontera de noche. Era inusual, porque generalmente se hacía al amanecer. Pensamos que lo insólito nos convenía, que haría que los militares no sospecharan. Nos colocamos los flotadores antes de iniciar la marcha porque la idea era no hacer paradas. Nos dimos la consigna de controlarnos entre nosotros durante el recorrido hasta la frontera para que ninguno pudiera delatar al resto. Aun así, fuimos cambiando el itinerario todo el tiempo para despistar a cualquiera tentado de vendernos. Sobre las nueve y media de la noche estábamos cerca de la frontera. La policía no nos vio llegar, los militares que permanecían en tiendas de campaña cerca de la playa, tampoco.

Cuando se dieron cuenta, ya era demasiado tarde. Algunos, a punto de acostarse, salieron a intentar frenarnos blandiendo las porras, pero en pijama. Después de sortear todos los obstáculos, llegamos a la playa marroquí y, sin pensarlo dos veces, a las diez de la noche, en pleno invierno, nos lanzamos al mar. Empezamos a nadar para llegar a la orilla de Ceuta, bordeando el espigón en la frontera de El Tarajal. Poco a poco aumentó el número de agentes de la Marina Real marroquí con lanchas en el mar. Nos pegaban con las porras en el cráneo mientras intentábamos sacar la cabeza del agua y respirar porque aún nos quedaban unos metros para llegar a la orilla de Ceuta. Al mismo tiempo, la Guardia Civil española, desde el lado de Ceuta, nos disparaba pelotas de goma.

Solo se oían los disparos, los gritos y las sirenas de las patrulleras marroquíes y españolas. Recibí un primer disparo de un guardia civil en la espalda y el segundo en el flotador. Me estaba quedando ya sin fuerzas y empezaba a sentirme hipotérmico cuando se me acercó una lancha de la Marina Real marroquí. Les tendí la mano para que me rescataran porque ya no podía más. Sin embargo, el agente que tenía más cerca me dio varios golpes en la nuca y… perdí el conocimiento. Por suerte, una gran ola me propulsó, aún inconsciente, hasta la orilla. Me quedé tendido en la arena hasta que llegó la Cruz Roja Española. A los compañeros que llegaron en buen estado de salud, los agruparon para esposarlos, de dos en dos. A mí me esposaron también, con una brida, junto a un compañero que tuvo que venir conmigo cuando me llevaron al hospital porque era imposible desatarnos las manos.

Después de veinticuatro horas en el hospital, desperté escuchando a la gente hablar en un idioma al que no estaba acostumbrado. Era español. Estaba en Ceuta. La enfermera que me atendió fue muy amable, intentando tranquilizarme al despertar, porque me sentía desorientado. Me intentó explicar, por gestos, lo que había pasado, ya que yo no comprendía una palabra. Enseguida me dieron el alta y me pidieron que me fuera al CETI, Centro de Estancia Temporal de Inmigrantes. Solo repetían eso: «CETI, CETI». Acababa de llegar a la ciudad, estaba en estado de *shock* tras la experiencia traumática de salvarme del ahogamiento de milagro, no conocía a nadie, y de pronto me pedían que me fuera por mi cuenta, solo, a un centro que estaba a casi una hora andando del hospital. Viendo que no me movía, porque no sabía cómo llegar, llamaron a la Guardia Civil para que vinieran a buscarme. Cuando los vi llegar, solo me venían imágenes de los disparos, y pensaba que me iban a devolver a Marruecos, pero me llevaron a la comisaría donde estaban mis compañeros. Todos se alegraron mucho de verme, porque ya se temían lo peor. Allí hicimos el recuento y descubrimos que faltaban dos personas. Dos compañeros murieron en el intento. Así que nuestro *boza*, la alegría legítima de lograr pasar, se vio amargada por la tragedia.

Después de los interrogatorios de la policía, nos echaron a patadas de la comisaría para que fuéramos al CETI. Con ese gesto estaba claro que no éramos bienvenidos. Otra forma de verlo era que de ese modo nos brindaban nuestra primera yincana en Ceuta, el reto de encontrar, a casi cinco kilómetros, el lugar donde, por obligación, teníamos que ingresar.

Saldo y lágrimas

Dos años habían pasado desde que me fui de mi casa. Un periodo durante el cual no di señales de vida a mis familiares ni tuve contacto con ellos, a pesar de tenerlos siempre presentes en mis pensamientos. Cada vez que pensaba en llamarlos, algo me lo impedía. Sentía una enorme culpa y miedo, y además no encontraba la ocasión porque quería estar emocionalmente estable antes de contactar con ellos para no derrumbarme. Quería evitar hacerlos sufrir más. Nunca encontré el momento oportuno en medio de los sobresaltos y las tragedias de mi odisea. En Ceuta empecé a recuperar la estabilidad emocional, a sanar mis heridas, físicas e internas. Eso me permitió prepararme para esa llamada que tanto deseaba hacer.

Sé que cuesta asimilar que estuviera dos años sin dar noticias a mis padres y hermanos. Sé el dolor que causa una desaparición así. Lo estarás pensando. Pues, créeme: si hay algo que me ha costado perdonarme durante mucho tiempo es haber provocado ese sufrimiento a quienes más quiero.

En Ceuta pedí a un compañero del CETI que me dejara su teléfono para recargar su saldo con cinco euros. Era lo único que tenía. En cuanto el teléfono estuvo listo, me aparté del ruido y ordené mis ideas y todo lo que quería decir en aquella llamada. Sabía que cinco euros no daban para muchos minutos de conversación, y no quería desperdiciar ni uno. Nunca una llamada me había puesto tan nervioso.

Al fin marqué el número de mi madre, que me sabía de memoria.

«El número marcado es incorrecto. Inténtelo de nuevo», saltó la locución.

Estaba tan nervioso que había olvidado marcar antes el +237, el código de Camerún. Volví a intentarlo y, justo cuando empecé a oír el tono de la llamada, colgué, muerto de los nervios. «A la tercera va la vencida», me dije. Llamé de nuevo, y esa vez mi madre descolgó enseguida.

—*Allô!* ¿Quién es? —dijo dos veces.

—*Allô*, Yadiko, soy Sani! —respondí tras una pausa, entre lágrimas.

—¿Mi Sani? ¿Dónde… —No acabó la frase y se puso a llorar desconsoladamente

Esas fueron las únicas palabras que pudimos intercambiar durante aquella llamada. Los dos nos pusimos a llorar sin poder articular nada más. En medio de los llantos oí tres pitidos seguidos de una notificación: «Lo sentimos, se ha agotado su saldo».

Aquella llamada fue corta, intensa y llena de significado para mí. Por desgracia, duró demasiado poco y me dejó con ganas de saber cómo habían estado todos mis familiares y amigos desde que me fui. Sentí el alivio de haber dado el paso y de que supieran que seguía vivo, pero me preguntaba si mis padres me podrían perdonar, si llegarían a entender los motivos de mi largo silencio.

Dos días después de aquella llamada, mi padre, al fin, logró localizarme a través del móvil de mi amigo. Mi familia estaba reunida en torno a él, y todo el mundo quería hablar conmigo.

Hablando con unos y otros, me contaron la angustia, el miedo y el proceso por el cual habían pasado desde mi «desaparición». Mi padre no paraba de preguntarme en qué ciudad estaba, para venir a buscarme. Yo intentaba tranquilizarlo diciéndole que me encontraba en España, estudiando, que es lo que quería, y rodeado de gente que cuidaba de mí. Les dije que todo ese tiempo había estado en Marruecos y que después llegué a España, pero que les explicaría todo con más detalle cuando volviera a verlos a Camerún.

—Casi todos los días nos llegan noticias de gente que se ahoga en el mar entre Marruecos y España —me dijo, preocupado.

—Yo no pasé por esa ruta —les mentí de nuevo—. Ya os contaré.

Cambié de tema, y mi madre cogió el teléfono para seguir hablando.

—No es momento para hacerle preguntas ahora. —Oí que le decía a mi padre—. Lo importante es que esté bien.

Sé que no creyeron todo lo que les conté, pero se esforzaban en que aquella primera conversación después de tanto tiempo estuviera libre de reproches y fuera amena, lo más parecida posible a cualquiera de nuestras charlas de antes.

Desde entonces no volvimos a perder el contacto. Están al corriente de todo lo que hago aquí, muy orgullosos de mi crecimiento personal.

Elín: mi oasis en Ceuta

Llevaba solo dos días en Ceuta cuando Hussein, un compañero, empezó a hablarme de la asociación Elín. Me dijo que había un sitio en el centro donde él y otros chicos iban a aprender español y a participar en actividades divertidas. Como todavía me estaba recuperando de lo vivido en la frontera, sentía que necesitaba al menos una semana antes de salir del CETI, pero Hussein insistió: «No te arrepentirás, ya verás. Además te vendrá bien andar un poco para conocer la ciudad». Total, me convenció. Salimos, y después de cuarenta y cinco minutos y tres kilómetros llegamos frente a la puerta de un local donde se veía que no vivía nadie, pero de donde salían ruidos como de conversación.

—Aquí es. Llegamos a «casa Paula» —me dijo Hussein sonriente en alusión a Elín.

Enseguida se adelantó porque vio que yo esperaba que él diese el primer paso y, así, entramos. Le seguí tímidamente porque había mucha gente. Acababan de terminar las clases y estaban organizando los talleres de la tarde. De repente se hizo el silencio y todos se dieron la vuelta para mirarnos. Me sentí tan intimidado y con tanto apuro que no me separaba un centímetro de Hussein. Un hombre se acercó para invitarnos a participar en las actividades.

—Él es nuevo —me presentó Husein. Llegó en el grupo que entró el jueves 22 de diciembre.

—¡Ah, bienvenido! Soy Jesús. Y tú, ¿cómo te llamas?

Yo no entendía una palabra de lo que en ese momento me decía aquel hombre, pero la expresión de su cara era amable, se mostró cercano y cálido, y noté que me estaba dando la bienvenida. De hecho, «bienvenido» fue la única palabra que capté de todo lo que dijo. De inmediato, él se dio cuenta de que yo no sabía español, así que me lo repitió todo en francés y, sobre la marcha, empezamos a hablar como conocidos. Jesús dejó lo que estaba haciendo para presentarme a los que se encontraban allí. Luego, en su pequeña charla de acogida, me contó lo que era Elín, así como la filosofía y la visión que tenían. Me habló de Paula, la coordinadora, que no estaba en aquel momento, y de Cande, otra religiosa con la que trabajaban.

Lo que más me llamó la atención fue el origen del nombre «Elín», del que nació la visión de la asociación. Se trata de un topónimo de origen bíblico (Éxodo 15, 27).[40] Es el oasis del desierto donde el pueblo de Moisés, después de cruzar el mar Rojo en busca de la tierra prometida, encontró doce fuentes de agua y setenta palmeras, por lo que acamparon allí para descansar, comer y beber antes de seguir su viaje. Pensé que nada podía explicar mejor la situación en la que nos encontramos los inmigrantes en Ceuta que aquella palabra, «Elín».

---

40. Biblia.work, *ELIM. Diccionario enciclopédico de Biblia y Teología*, 2020, <https://www.biblia.work/diccionarios/elim/>.

El camino hasta allí había estado lleno de situaciones humillantes y deshumanizadoras, y por eso llegábamos cargados de heridas, a veces invisibles, y cuyas curas dependían de la escucha atenta y la comprensión. Ese día encontré a alguien que me escuchó, y lo hizo sin prisas. Hablé con Jesús desde el reconocimiento de la igualdad que, como comprobé enseguida, caracteriza a toda la gente de la asociación. Recuperé la sensación de existir y de importar a alguien. Jamás olvidaré el abrazo que me dio al terminar aquella charla. Fue el primero auténtico y sentido que recibía después de mucho tiempo.

Con esa acogida estaba claro que iba a encajar muy bien en el grupo. Empecé a recibir clases de español junto con otros compañeros. Quería avanzar rápido. Además era un idioma que me gustaba muchísimo. Seguí el proceso normal de aprendizaje, partiendo desde el nivel básico y creciendo hasta el tercer nivel, el más alto. Tres meses después, Paula me propuso que yo impartiera clases, pues los profesores voluntarios que habían venido en Semana Santa ya se habían marchado.

—Queremos que empieces a dar clase a los principiantes. ¿Qué te parece? —me preguntó.

—¡Una locura! —le contesté, sonriendo.

—Creemos que tienes capacidad para hacerlo, por lo rápido que has avanzado. Además vamos a organizar una actividad con alumnos universitarios y queremos que participes.

No podía negarme a ese reto, así que al final acepté la propuesta, por más que siguiera pensando que era una locura y que supusiera asumir una gran responsabilidad. Fue, sin duda, una de las mejores experiencias de mi vida. Pasé de ser alguien que solo recibía enseñanzas y ayuda, a que me vieran capaz de aportar. Eso me permitió desarrollar habilidades para la docencia, partiendo de una base en la que carecía de experiencia. Con las actividades de la universidad descubrí, además, un ambiente nuevo y distinto donde intercambiar conocimientos con jóvenes de mi edad. En uno de los encuentros me invitaron a hablar sobre el fenómeno migratorio. Fue la primera vez que hablé del tema. Lo hice en francés, porque por entonces mi español no era fluido, pero lo más duro fue revisitar y compartir en público recuerdos tan íntimos y dolorosos.

En la sala, inevitablemente, quien más llamó mi atención fue un chico, negro como yo, cuya cara no me sonaba del CETI. Era el que hacía de traductor de cuanto yo decía. Me di cuenta de que hablaba un perfecto castellano. Sentí gran curiosidad por él y, al final del acto, me acerqué a él y me presenté. Me dijo que se llamaba César, pero que también le podía llamar Brandon, que era de Guinea Ecuatorial y que, gracias a una beca, estaba estudiando Educación Social en España.

Fuimos a cenar y hablamos de educación, de política, pero, sobre todo, de nuestra pasión compartida por las letras. Sentí mucha admiración por aquel chaval, lo vi como un referente. Quería estudiar como él, aunque sabía que hasta lograrlo tenía ante mí un camino largo y lleno de obstáculos.

Después de aquella charla que di en la universidad, algunos estudiantes, entre ellos César, se apuntaron para dar clases de español en la asociación Elín. Se abría así una nueva etapa de intercambio entre los jóvenes de la universidad y nosotros, los migrantes de la asociación. La incorporación de ese grupo de universitarios me descargó de tareas, con lo que pude seguir recibiendo clases con Cande, profesora magnífica a quien le debo todo el castellano que sé.

Ese oasis de Elín me recuperó y me enseñó el camino. Nunca lo consideré un lugar de paso, pues, desde entonces, sigo vinculado a esa casa, a esa familia que me vio llegar y que me está viendo crecer. Volver a Ceuta es volver a Elín, lo que para mí significa reconectar con la brújula que me orienta para no perderme.

Te vas «con maleta»

Después de pasar un año en el CETI sin poder salir de Ceuta, cualquier camino para seguir mi ruta migratoria hacia la península me parecía un avance. Incluso el que suponía uno o dos meses de encierro total nada más llegar a la otra orilla en un Centro de Internamiento de Extranjeros (CIE) como el de Tarifa. Pensar así puede parecer descabellado, ya que el CETI es un centro en régimen abierto y el CIE implica privación de libertad. Sin embargo, como a los inmigrantes que entramos en Ceuta nadie nos comunicó la situación en la que estábamos ni qué día, gracias a qué método, ni por qué medio podríamos salir, nos desesperábamos cada vez más: nuestro ánimo se desgastaba por momentos, la incertidumbre se hacía insoportable y llegábamos a pensar que cualquier cosa sería mejor que seguir allí. Por eso, a pesar de saber las condiciones y el trato inhumano que nos esperaban en el CIE, lo celebrábamos por todo lo alto cada vez que nos anunciaban la salida de alguien rumbo a la otra orilla del estrecho de Gibraltar. Es paradójico, lo sé. Por una parte, nos sentíamos invadidos por el anhelo de libertad ante la posibilidad de salir de Ceuta y, por otra, festejábamos nuestro ingreso en una de esas cárceles para inmigrantes que son los CIE.

Es tan incomprensible como la Ley de extranjería o la política migratoria europea, que con el supuesto argumento de evitar el «efecto llamada» utiliza todos los mecanismos posibles con tal de hacer pasar a los inmigrantes por todo tipo de calamidades. La teoría de algunos líderes políticos[41] es que, si los inmigrantes encuentran una buena acogida en Europa, crearán ese «efecto llamada», con el posible riesgo de atraer a nuevos migrantes.

Este fenómeno del que tanto se habla en los diferentes parlamentos y medios de comunicación europeos se basa en afirmaciones que carecen de fundamento. Una de las acusaciones que más se escuchan es la de que los inmigrantes son atraídos por las ayudas que conceden los países de destino. Dicha afirmación falsa solo sirve para alentar la xenofobia y el odio de la sociedad local hacia los inmigrantes, pues crea la figura del otro que viene a acaparar lo que estaba destinado a los autóctonos.

Cabe recordar, sin embargo, que la elección de un destino concreto por parte de los inmigrantes no se hace según las ayudas que quizá reciban en esos países. De hecho, la mayoría ni sabe de la existencia de algún tipo de ayudas, incluso una vez que están en los países que los acogen. Ningún inmigrante sale de su tierra con la intención de vivir de subvenciones en otro país. Los tres elementos, en cambio, que son generalmente determinantes en la elección del destino son, en

41. Martino Martín, Enrique, «Los efectos del "efecto llamada"», *The Conversation*, 16 de septiembre de 2019, <https://theconversation.com/los-efectos-del-efecto-llamada-122233>.

primer lugar, el contar con amigos o familiares en los países de destino, pues constituyen un apoyo muy importante. En segundo lugar, la situación del mercado laboral de los países de acogida. Esto se ve reflejado en la bajada del número de inmigrantes en España desde el inicio de la crisis económica del año 2008.[42] Los inmigrantes tienden a partir hacia los países cuyos mercados laborales son más fuertes y estables, y necesitan de mayor mano de obra, como Alemania, donde los españoles también van a buscar trabajo. Por último, la relación histórica y colonial que existe entre los países de procedencia de los inmigrantes y los de destino, pues ello implica compartir el idioma y fuertes lazos culturales.

Aquel día era viernes. Serían las seis de la tarde. Estaba en la asociación Elín, justo acababa de terminar la clase de español e iba a salir rumbo al CETI, cuando vi que tenía varias llamadas perdidas de compañeros del centro. «¿Qué estará pasando?», pensé. De pronto me volvió a llamar uno de esos colegas, gritando de alegría y dándome la enhorabuena:

—¡Ha salido tu nombre! ¡Te vas mañana!

—¿Es *laissez passer* o «con maleta»? —le pregunté.

—Apareces en el tablón de «con maleta».

Se me formó un nudo en la garganta y empecé a llorar con una sensación agridulce, entre la euforia y la decepción. Sé que te estarás preguntando qué significa *laissez passer* y «con maleta», pero, cuando lo explique, entenderás mi reacción. Por lo general, para los residentes del CETI solo había dos

---

42. Valero-Matas, Jesús Alberto, Coca, Juan R. y Valero-Oteo, Irene, *Análisis de la inmigración en España y la crisis económica*, Universidad de Valladolid, Universidad de Salamanca, CIEAP/UAEM, 2014, pp. 19-25, <http://www.scielo.org.mx/pdf/pp/v20n80/v20n80a2.pdf>.

maneras de salir de Ceuta, y, sinceramente, no sabría decir de qué dependía el que te tocara una u otra. El *laissez passer* era la mejor opción, porque implicaba para el beneficiario salir de Ceuta sin tener que pasar por un centro de régimen cerrado, los inhumanos CIE. Además podría viajar en el ferri entre todos los pasajeros no migrantes, y ser recibido a su llegada a Algeciras por una ONG para ser llevado a cualquier punto de la península. En 2011, cuando estuve en el CETI, conseguir el *laissez passer* era una lotería. Alguna vez, por buscarle cierta lógica, concebimos la hipótesis de que fuera una recompensa por buen comportamiento, pero resultó que lo otorgaban de forma arbitraria.

Conseguirlo era una excepción, porque por regla general se salía «con maleta», es decir, directo a un CIE, con la posibilidad, después del encarcelamiento, de ser deportado, o no, al país de origen. El procedimiento de traslado a la península para el grupo menos afortunado, entre los privilegiados que al fin podíamos marcharnos de Ceuta, empezaba con una lista de nombres que la policía mandaba al CETI y que se publicaba en un tablón para que los citados acudiesen, al día siguiente, a la comisaría con su maleta, de ahí el nombre de esta modalidad, acuñado por los propios inmigrantes. Allí pasaban una noche en el calabozo antes de ser trasladados, un día después, al CIE correspondiente en la península. Teniendo en cuenta esas dos maneras de salir de «la cárcel dulce»[43] que es Ceuta, saber que me marcharía «con maleta» fue un duro golpe para mí. A pesar de todo estaba deseoso de irme como fuera,

43. Así llaman los migrantes a Ceuta. Es un enclave en el que, a pesar de estar en un centro de régimen abierto (CETI), es imposible salir de la ciudad o moverte hacia otro sitio sin autorización de la policía.

porque todos los compañeros que entraron en el centro conmigo habían tenido la suerte de salir a los pocos meses, antes de cumplir el año de estancia en Ceuta, mientras que yo aún seguía allí.

Nada más recibir la noticia decidí darme la vuelta y volver a Elín para despedirme de Paula y Cande. Tenía muy poco tiempo para organizarme y decir adiós a la gente con la que había estado durante mi año en Ceuta. El nivel de deshumanización hacia los inmigrantes es tal que la autoridad que determina, aleatoriamente, quién sale y de qué manera, no tiene en cuenta los vínculos que creamos durante nuestra estancia en la ciudad para darnos la oportunidad de cuidarlos. Para ellos somos meros números, sobre cuyo destino decide, sin miramientos, como le parece, el agente de turno. Pero yo sí pude dar aquella gran noticia a Paula y Cande entre lágrimas. Para mí fue muy importante despedirme de ellas. Estaban indignadas porque me mandaran al CIE, pero intentaron tranquilizarme, buscando siempre las palabras adecuadas para animarme, y prometieron visitarme si el que me correspondía era uno de los de la orilla opuesta a Ceuta, el de Algeciras o el de Tarifa.

En el CETI me esperaba un comité de despedida organizado por los compañeros. Fue una noche inolvidable en la que todo el rato tenía en mente que podía ser la última vez que viera a la mayoría de la gente que me rodeaba. Formaron un círculo y nos metieron en medio a los que salíamos al día siguiente. Pasamos la noche cantando, bailando y recibiendo regalos de los que se quedaban. A última hora organizamos un momento de oración, ya que la espiritualidad estaba presente en todo lo que hacíamos. Después tocaba dormir, al menos intentarlo. No pude pegar ojo en toda la noche por miedo a lo desconocido. La descripción del CIE que me llegaba de compañeros que ya habían pasado por allí era tremenda, pero me tenía que enfrentar a esa nueva prueba. No había elección.

Firmar la propia expulsión

Nos presentamos en comisaría aquel 19 de diciembre de 2012 a primera hora de la mañana con toda una delegación de despedida que nos acompañó hasta la puerta. Estuvimos media hora esperando fuera, mientras charlábamos y aprovechábamos para darnos los últimos abrazos.

De repente salió un policía con unas gafas de sol y un brazalete reflectante de color amarillo donde se leía POLICÍA DE FRONTERAS. Llevaba también protecciones en codos y rodillas, una porra en una mano y, en la otra, la lista con nuestros nombres.

—Los que van a viajar que se pongan a este lado. Voy a pasar lista. Los acompañantes se pueden marchar. No quiero más jaleo —dijo el policía con tono avinagrado.

Acatamos sus órdenes sin rechistar y nuestros acompañantes se fueron retirando poco a poco. Cada vez que el agente nos nombraba, teníamos que pasar por la puerta con las maletas. En el interior había otros siete policías esperándonos. Nada más entrar, nos pidieron que nos quitásemos los cinturones y los cordones de los zapatos. Nos pusieron brutalmente contra la pared para registrarnos y esposarnos. Yo no entendía por qué nos trataban de esa manera, como si fuésemos a fugarnos, después de haber llegado allí por nuestro propio pie. Enseguida nos tomaron las huellas y nos metieron en el calabozo. Desde nuestra llegada por la mañana hasta las ocho de la tarde estuvimos sin comer. Ni agua nos daban. No caímos en llevarnos provisiones y no nos atrevíamos a pedir nada a los guardias. Cuando llegó el equipo de la noche, un agente se acercó para decirnos que nos iban a llevar a otra comisaría donde, por medidas de seguridad, pasaríamos la noche. Ahí nos llenamos de angustia. No entendíamos el porqué de ese traslado; pensábamos que nuestras vidas peligraban.

—Perdone, ¿nos puede traer agua, por favor? —le dije al policía con la voz entrecortada, aprovechando que acababa de venir a comunicarnos del cambio de lugar—. Es que llevamos todo el día sin tomar nada.

—Ahora mismo. ¿Los compañeros no os han dado bocadillos?

—No. Se ve que se han olvidado. Gracias.

El agente fue enseguida a por bocadillos y botellas de agua, que nos pasó por las rejas de la puerta de la celda.

—Avisadme cuando terminéis, para que llame al equipo que os trasladará a la otra comisaría.

—De acuerdo, muchas gracias.

En cuanto acabamos de comer, le avisamos, y no tardó en llamar a una unidad que se presentó sobre las once y media de la noche. Nos sacaron, esposados, de uno en uno, y nos metieron en la parte trasera de una furgoneta a oscuras. Dentro no veíamos nada. Los agentes que vinieron llevaban cascos y otros equipos de protección. Durante el recorrido de quince minutos solo notábamos que el vehículo circulaba, pero desconocíamos nuestro destino, y la furgoneta no tenía ventanas para mirar a través de ellas. A nuestra llegada, se puso pegada a la puerta de entrada de la comisaría para conducirnos directos al interior. Pasamos otro registro hasta que, al fin, nos metieron en el nuevo calabozo. De las ocho personas que éramos, nadie pudo dormir. Estuvimos toda la noche en silencio, algunos orando y otros buscando en la meditación una respuesta o explicación sensata a lo que nos estaba ocurriendo.

Al día siguiente, a las nueve de la mañana, se presentaron otros agentes que tampoco nos dijeron a dónde nos llevaban ni por qué. Pronto averiguamos que nos conducían al juzgado. Tras un traslado parecido al de la noche previa, nos metieron en una sala donde aguardaba una señora.

—Buenos días. Soy vuestra abogada. Os irán llamando a la sala. Entrad de uno en uno para firmar un documento que os presentarán. Solo será eso y nada más.

—¿Hemos cometido algún delito? —pregunté a la abogada.

—No, es un mero protocolo. Se hace siempre así porque, si no, no podéis salir de Ceuta —concluyó la letrada, y se fue.

Cuando me tocó entrar en la sala de audiencias, me reencontré con ella, nuestra supuesta abogada. No había ningún traductor que me facilitara el comprender aquellas frases en lenguaje jurídico. Una vez que terminaron de leer el escrito, me dijeron que firmara sin más. No sabía qué estaba firmando, y eso que mi nivel de comprensión del español era bueno. Otros apenas lo entendían o hablaban. Una vez más, como antes de entrar en la sala, la abogada nos indicó que firmar ese documento era el requisito que nos permitiría salir de Ceuta. Todos lo hicimos sin pensarlo y sin información adicional. Años más tarde me enteré de que aquel día firmé mi propia orden de expulsión del territorio español.

Al final de ese proceso —que apenas duró tres cuartos de hora— nos volvieron a trasladar al calabozo, para nuestra sorpresa, porque todos pensábamos que era el último trámite antes de la salida. Éramos conscientes de que el día iba a ser muy largo, pues no sabíamos si nuestro traslado al CIE se realizaría esa misma jornada o si tendríamos que esperar a la siguiente. Cada minuto que pasaba suponía más incertidumbre y más preguntas sin respuesta.

A las tres de la tarde llegó, por fin, la unidad encargada de trasladarnos a la península. Eran cinco policías armados con sus equipos de protección. Nos sacaron de las celdas y, con las esposas puestas, nos metieron en una furgoneta sin ventanas. Cuando llegamos al puerto de Ceuta, el vehículo entró en el garaje del ferri, donde iban todos los coches de los pasajeros. Los agentes nos dejaron esposados en la camioneta, cerraron las puertas y subieron a cabina para viajar con el resto de los pasajeros. Dentro de la furgoneta hacía un calor tremendo, costaba respirar y la oscuridad era total. La travesía, que dura una hora u hora y media, se nos hizo eterna. ¡Todavía no sé, no me entra en la cabeza, cómo se puede tratar de esa manera a seres humanos, con tanta naturalidad como hicieron aquellos agentes!

El viaje acabó, al fin, con la llegada al puerto de Algeciras. Los policías bajaron a recoger la furgoneta y no nos dijeron ni media palabra. Pensábamos que, al menos, el trayecto ya había acabado. Estábamos ansiosos por llegar a donde fuera y bajarnos de aquel vehículo. Pero nos quedaba todavía media hora de camino por carretera hasta el famoso y funesto CIE de Tarifa.

CIE de Tarifa: dos meses perdidos entre torturas

El CIE de Tarifa se encuentra en la isla de las Palomas. Para acceder a sus instalaciones se requiere una autorización, pero casi nunca se emite. La primera característica de los Centros de Internamiento de Extranjeros es su opacidad. El 20 de diciembre de 2012, a las seis de la tarde, llegaba la furgoneta que nos trasladaba a ese recinto carcelario. Dos grandes puertas se abrían para dejar paso al vehículo en el que íbamos. Los agentes tardaron por lo menos diez minutos desde que se detuvieron hasta abrir la puerta para dejarnos bajar y ver la luz del día. Era pleno invierno, hacía mucho frío y apenas íbamos abrigados. Bajamos y nos pusieron en una fila mientras los policías se dividían en dos dejándonos a nosotros, esposados, en medio. Cada agente llevaba un arma. Nos estaban haciendo «el pasillo» para conducirnos a una dependencia. Allí nos sometieron a varios interrogatorios antes de quitarnos todo lo que teníamos para custodiarlo. Escenas como aquella solo las había visto en películas de Hollywood, pero nunca hubiese imaginado vivirlas. Desde el minuto uno nos aplicaron un rigor exagerado, nos trataron como a delincuentes. El ambiente era horrible y solo reinaba un silencio muy triste. Después de aquellos dos días previos tan intensos, en el CIE noté un gran bajón psicológico. En la charla de «bienvenida» que nos dieron, uno de los agentes nos dejó claro que cualquier acto de desobediencia podía ser motivo de deportación. «Esto ya no es el CETI, tenedlo muy claro», nos lanzó durante la sesión informativa. Tras veinte minutos de charla me quedó claro que estábamos en un sitio donde todos los poderes los tenían los agentes, y nadie podía rebatirles nada. Nos gritaban cada vez que nos tenían que decir algo, y lo mejor que podíamos hacer era callarnos para evitar un posible informe por desobediencia o comportamiento inadecuado. «Seguidme, os voy a enseñar la "suite" de cada uno», nos espetó un agente en tono de burla. Empezamos a caminar hacia un pasillo oscuro, y conforme avanzábamos, el frío aumentaba, como si nos estuviéramos metiendo en una nevera. «Aquí te quedas tú», me dijo el policía. Cuando abrió la puerta, me cogió de la nuca y me empujó con el pie hacia dentro antes de pegar un portazo para cerrar la celda. Ahí sentí de forma visceral la diferencia entre el CETI y el CIE.

Me tocó una celda de apenas ocho metros cuadrados junto con siete personas más, repartidas en tres literas. Por suerte tuve un buen recibimiento por parte de mis compañeros; los chicos eran simpáticos. Aquella noche me negué a cenar, aunque me dijeron que era obligatorio salir de las celdas a la hora de comer. Seguía muy afectado por el traslado, estaba en *shock*. Mi primera noche en el CIE fue tan dura que deseé que me deportaran a Camerún. Quería acabar con toda esa deshumanización y regresar a casa.

El paso de los días no me ayudó, al contrario. Me costaba cada vez más asimilar el ritmo y el trato inapropiado que, a diario, recibíamos por parte de los agentes. Por la mañana, después del desayuno, nos llevaban al patio. Nos metían, como a animales, en una jaula que había en medio, como si de un circo o de un zoo se tratara. Una vez allí, cerraban el candado y se llevaban la llave. En Tarifa suele soplar mucho viento, y la situación geográfica de la isla de las Palomas, donde está el CIE, deja las instalaciones expuestas a corrientes de aire. Cuando los agentes nos metían en la jaula por la mañana, ellos se refugiaban en los despachos con la calefacción puesta. Dos se quedaban a vigilarnos. No teníamos apenas acceso a las bolsas donde guardábamos nuestras prendas de abrigo. Eso los que contábamos con alguna, porque los que habían entrado a la península en pateras desde Tánger no tenían ropa. Si acaso, algunos, lo que ciertas ONG les habían dado. Era obligatorio estar en el patio, aunque hiciera un frío helador. Después íbamos a comer y luego nos volvían a sacar otra vez hasta la hora de la ducha. Los baños eran comunes y carecían de intimidad. Cada interno tenía cinco minutos para ducharse, con un policía en la puerta mirándole y contando los minutos. Cuando se cumplía el tiempo, teníamos que salir, aunque aún tuviéramos jabón. Así era el ritmo cada día. Como las puertas y ventanas de las celdas solo las podían abrir y cerrar los agentes, dependiendo del que estuviera ese turno, podía dejarlas abiertas toda la noche, y entraban insufribles rachas de viento.

En el CIE, el lema era «Ver, oír y callar». Algunos agentes se divertían provocándonos con insultos o ataques físicos, a fin de que les respondiéramos y poder castigarnos. Una noche, durante la cena, un compañero no podía comer porque tenía un fuerte dolor de estómago. Cuando el agente que nos vigilaba se dio cuenta, le cogió de la oreja y le levantó la cabeza, que tenía apoyada en la mesa. «Come y déjate de tonterías», le gritó. El chico seguía sin comer y sin responderle. Se retorcía de dolor. «Además de tenerlo todo gratis, ahora no quieres comer», añadió el policía mientras echaba un vaso de agua en la comida. El compañero, hostigado, se indignó, cogió el plato de comida lleno de agua y lo tiró al suelo. El agente le ordenó recogerlo, pero él se negó. Conocedor de que en el comedor había cámaras de vigilancia, el policía arrastró al chico hasta la puerta, donde quedaba el punto ciego de las cámaras, y empezó a pegarle con la porra. Enseguida vinieron sus compañeros y redujeron al chaval, que intentaba defenderse. Al final lo castigaron sin salir al patio durante tres días. Ese gesto nos marcó muchísimo a todos, pero ninguno pudimos decir nada por miedo a sufrir represalias por parte de los agentes.

Cabe decir que también había agentes que cumplían con su trabajo sin caer en abusos de poder. Era el caso de un policía —cuyo nombre prefiero no mencionar, pues no tengo cómo preguntarle si me autoriza a citarlo— muy empático con todos nosotros. Traía ropa de abrigo a los chicos que no tenían y se oponía a sacarnos al patio cuando hacía mucho frío. De hecho, era el único con el que podíamos charlar. Me llamaba para que le hiciera de traductor cada vez que quería comunicar algo a alguien. «Para evitar malentendidos», explicaba. Es triste decirlo, pero su comportamiento ejemplar, en vez de ser la regla, era una llamativa excepción.

Tras presenciar varios ataques por parte de algunos agentes, empezamos a organizarnos para evitar caer en sus provocaciones. El patio era el único sitio donde nos encontrábamos todos, porque el resto del tiempo estábamos cada uno en nuestra celda. Había muchos chicos con ganas de aprender español, pero dentro del CIE no se nos ofrecía ninguna actividad. Así que propuse dar clases de castellano a mis compañeros, sobre todo a los que no habían pasado por Ceuta, a diferencia de nosotros y, por tanto, carecían de un contacto previo con el idioma. Poco a poco se empezó a apuntar gente, y las mañanas se nos hacían cada vez más amenas. En aquella época no había traductores en el CIE, y cada vez que había que traducir algo, me sacaban de la jaula, me llevaban a hacer de traductor y me volvían a meter.

Lo más chocante era la total falta de información acerca de nuestro estatuto o de nuestros derechos y deberes. Un gran número de chicos quería tramitar la solicitud de asilo, pero nadie atendió a sus peticiones. Había un muchacho de Nigeria que, desde su llegada al CIE, había insistido en pedir asilo. Me lo trasladaba para que se lo dijera en castellano a los agentes, pero por sistema se le desoía. Una vez le dijeron que ese trámite lo tenía que hacer al salir del CIE, porque era imposible tramitarlo desde allí. Pero el día que al sacarnos al patio nos dimos cuenta de que aquel chico no estaba, sus compañeros de celda nos explicaron que un grupo de policías se lo había llevado esposado la noche previa. Todo apuntaba a que había sido deportado.

En cuanto a las «actividades» organizadas por el CIE, lo único que tuvimos durante los sesenta días que pasé internado fue la misa de Navidad, porque había un hombre de la iglesia que venía a coordinarla. Era un tipo muy paternalista que nos hablaba siempre con condescendencia. Nos cambiaba los nombres a todos para ponernos otros españoles. Eso me recordaba a la escena de la película *Raíces* en la que un esclavista blanco intentaba, a base de latigazos, cambiarle el nombre a Kunta Kinte para llamarlo Toby. Despojar a alguien de su nombre, un elemento tan clave de la identidad individual, es una forma de violencia. Yo tenía claro que no le iba a permitir que la ejerciera sobre mí. Cuando nos conocimos, fue en plena organización de las actividades navideñas, y él quería que le tradujera un texto a todo el mundo.

—Tú, ven aquí —me llamó—. Me han dicho que hablas bien español. Eres nuevo, por lo que veo. ¿Cómo te llamas? —me preguntó.

—Me llamo Sani.

—A partir de ahora te llamarás Pedro, que es más fácil —me respondió sin levantar la vista de los papeles.

Entonces lo miré a los ojos, muy serio, y le espeté:

—Mi nombre es Sani. Si le parece difícil prefiero que no se dirija a mí de ninguna manera, porque lo que de ningún modo voy a permitir es que me cambie el nombre. Espero que lo entienda y lo respete.

Fue así. Pero no porque aceptase llamarme Sani, sino porque evitó nombrarme durante todo el proceso, primero durante la organización y, luego, a lo largo de la realización de la actividad. Al final, en aquella misa navideña participamos tanto cristianos como musulmanes y ateos. Y es que, mientras que para algunos era un momento para vivir la fe y celebrar la Navidad con su significado pleno, los demás solo queríamos unirnos a la única actividad que había y huir así del frío del patio. El 25 de diciembre, después de la misa del gallo, los agentes nos metieron en las celdas y no nos permitieron salir al patio en todo el día. Repitieron la operación en Nochevieja.

Les rogamos que nos dejaran reunirnos para dar la bienvenida al año nuevo juntos, en vez de encerrarnos aislados. Pero ellos iban a organizar su propia fiesta y les convenía encerrarnos, así que desoyeron nuestros ruegos. Aquella noche, todos nosotros, en nuestras celdas, oíamos su música y sus voces de juerga. Ninguno teníamos siquiera un reloj para saber cuándo daban las doce, pues al ingresar en el CIE nos quitaron todas nuestras pertenencias. Así que, entre incertidumbre y especulaciones, calculamos cuándo se cumplió la medianoche y nos deseamos felicidad en el año nuevo. Detrás de las rejas de nuestras celdas empezamos a cantar a coro. Nuestras voces retumbaban en el pasillo y se oía cómo algunos lloraban de nostalgia, seguramente pensando en celebraciones pasadas con sus familias. Fue una noche destinada a ser triste por la decisión de los policías empeñados en mantenernos encerrados, pero a la que supimos darle la vuelta y convertirla en mágica.

Cuando se cumplió un mes desde nuestro ingreso, empezaron a liberar a algunos. Cada martes era una especie de fiesta porque era «día de liberación». Todos estábamos muy atentos cada vez que veíamos a un agente con la lista en la mano. Las puestas en libertad se daban en paralelo a las deportaciones. Cada mañana, cuando nos encontrábamos en el patio, constatábamos que faltaba gente a la que habían sacado de madrugada para deportarla. Un día, al alba, seis policías entraron en mi celda. Era el único despierto porque estaba rezando la primera oración de la jornada. Los agentes se dirigieron a las camas de dos compañeros que dormían, los despertaron y los esposaron para sacarlos. Uno de ellos intentó oponer resistencia y lo redujeron, llegando a atarle incluso los pies. Así lograron llevárselos, seguro que para deportarlos. La escena fue tan traumática para mí que las noches siguientes no pegué ojo, horrorizado ante la posibilidad de sufrir aquel trato en cualquier momento.

Una noche, después de cenar, sentí un terrible dolor de muelas. Era insoportable. Llamé a un policía y le pedí que me llevara a urgencias, ya que en el CIE no había médico de guardia. El agente me dijo que me trasladarían, pero que al hospital me tenían que llevar esposado. Yo sufría de verdad, pero fui incapaz de aceptar verme así en la clínica, como un criminal. Así que aguanté hora tras hora hasta el amanecer, sufriendo con dolor y lágrimas, pero con mi dignidad intacta.

Antes de mi ingreso en el CIE, durante la etapa en Ceuta, estaba en contacto permanente con mis padres, sobre todo con mi madre. En cuanto lo retomé, les prometí que no volvería a dejarlos sin noticias. Sin embargo, una vez que supe de mi traslado a la península, previendo que desde el CIE sería difícil mantener la comunicación con ellos, preferí decirles que había perdido el móvil y que durante dos meses los llamaría de tanto en tanto desde una cabina, en lugar de confesarles que iban a ingresarme en una especie de cárcel. Saberlo hubiera sido muy duro para ellos, sobre todo teniendo en cuenta que yo era incapaz de explicar el porqué de mi encarcelación. Con el fin de cumplir mi promesa telefoneaba a mi madre dos veces por semana desde la cabina del CIE. Las llamadas eran muy caras, pero merecía la pena escuchar su voz en aquel rincón hostil. Era lo único que me animaba. Deseaba que llegasen los lunes y los viernes para comunicarme con ella. A medida que pasaban las semanas y me iba quedando sin el dinero que tenía y que podía coger del lugar donde custodiaban mis pertenencias, cuando lo pedía, y siempre acompañado por dos policías, empecé a recortar minutos a la conversación con todo el dolor de mi corazón, pero, eso sí, sin renunciar a mis dos contactos por semana. Entonces aprendí a decir mucho con pocas palabras. Tenía que ser breve. Preciso y conciso. Llamaba y veía que los segundos se descontaban rapidísimo. En ocasiones me emocionaba al hablar con ella, pero siempre logré terminar la llamada sin soltar una lágrima, para luego, una vez solo, llorar hasta desahogarme. Lo más duro era ver que ella tenía mucho que contarme y cortarla para decirle «Te quiero» en el último segundo. Por suerte pude mantener las llamadas hasta el final de mi encarcelamiento sin que ella sospechara nada.

Después de cuarenta y cinco días encerrado, y sin la menor perspectiva de libertad, noté un llamativo desgaste físico y emocional. Necesitaba estímulos para salir de la monotonía diaria, que consistía en desayunar, salir al patio, comer, ducharnos e irnos a dormir nada más cenar. Pedí a un policía que me llevara a la sala donde custodiaban nuestras pertenencias para coger un libro de mi maleta que pudiera servirme de apoyo. El agente me dijo que no estaba permitido que lleváramos cosas a nuestras celdas o al patio. Esa respuesta no me sorprendió. De hecho, me la esperaba; sin embargo, lo que me generó gran incomprensión fue escucharle decir: «No podéis meter dentro nada que pueda usarse como un arma». ¿Qué percepción tan distinta teníamos ese agente y yo del tipo de «arma» que podía ser un libro? Él lo veía como un «objeto arrojadizo con el que se podía agredir físicamente a alguien», y yo, como un «arma de deconstrucción de prejuicios y de construcción personal».

Seguía sin encontrar algo que me motivara para resistir los quince días de encierro que me quedaban, ya que, con la ley en la mano, solo me podían mantener encarcelado un máximo de dos meses, al término de los cuales, si no lograban un acuerdo de deportación con mi país, me tendrían que liberar.

Una mañana, mientras estaba en el patio, un agente nos llamó a mí y a otros cuatro.

—Tenéis visita —nos dijo.

Todos nos miramos sorprendidos.

—¿Quién ha venido a vernos? —preguntamos a la vez, como un coro.

—No lo sé. Nos han dicho que son religiosas.

Cuando llegamos a la sala vimos a Paula y Cande, de Elín, que habían venido desde Ceuta, como nos prometieron. Fue un momento de inmensa alegría, un enorme chute de energía, justo lo que nos hacía falta. Estuvimos charlando, siempre bajo la estricta vigilancia de los policías. Ellas, como sabían en qué situación injusta y de deshumanización nos encontrábamos, no nos preguntaron nada que pudiera comprometernos ante los agentes. Nos dieron mucho ánimo, tanto de su parte como de todos los chicos que seguían en Ceuta. Cuando llegó la hora de acabar la visita, nos costó mucho despedirnos de ellas, pero verlas fue sin duda el impulso que necesitábamos para hacer frente a la recta final que afrontábamos.

Poco después de aquel encuentro recibimos otra visita: la de Juanma Palma y sus alumnas del colegio Sagrada Familia (SAFA), del municipio gaditano Puerto de Santa María. Había conocido a Juanma en Ceuta; pronto se convirtió en mi amigo, y ahora es mi hermano. Lo que nos unió al principio fue su confianza en mí y que me ofreciera una oportunidad que ha determinado mi vida, como explicaré en el último capítulo. Juanma, que había sido sacerdote y fue a Ceuta a conocer de cerca la realidad de la frontera sur, ejercía entonces de profesor en ese colegio del Puerto, y me invitó a dar una charla de sensibilización sobre migración a su alumnado, a partir de mi experiencia. Fue una vivencia increíble, porque algunos alumnos, según él me había dicho, solían hacer muchos comentarios xenófobos. Sin embargo, compartimos una hora y media de verdadera comunicación, y luego me invitaron a jugar al fútbol con ellos y nos intercambiamos los datos para seguir en contacto. Que meses después de habernos conocido en Ceuta viniera a verme ese profesor con sus estudiantes, ahí, en mi encierro en el CIE, fue impactante para mí. No lo olvidaré en la vida. Me hizo sentir —igual que la visita de Paula y Cande nos lo hizo sentir a todos— que no estaba solo, que importaba a alguien en este país y que, por tanto, incluso en medio de la brutal deshumanización que nos cercaba, había esperanza.

A menos de cinco días para cumplir los sesenta de encierro máximo en el CIE, volví a no dormir por la noche por miedo a ser brutalmente despertado por los policías y deportado. Solo dormitaba de día, cuando nos sacaban al patio. Pero no sé por qué mecanismo mental llegué a desear, a la vez, verme de nuevo en casa, con la gente que me amaba. Sentía unas ganas enormes de abrazar a mi familia y amigos. Empecé a hacer planes sobre lo que haría una vez llegase a Duala, e incluso sobre cómo retomaría mis estudios. Total, con ese lío emocional, cuando vi amanecer el sexagésimo y último día, me eché a llorar como un niño por la decepción de no volver a mi país, porque me sentía cansado e incapaz de afrontar toda esa incertidumbre, todos los palos que sabía que, de nuevo, una vez estuviera fuera del CIE, se me vendrían encima después de tres años vagando.

Un agente vino muy temprano y me dijo que a las once llegaría una ONG a buscarnos a mí y a otros compañeros.

—¿Sabe usted a qué parte de España nos llevarán? —le pregunté.

—No, no tengo esa información. Además, aunque lo supiéramos, no se nos permite comunicároslo —respondió.

Me despedí de los compañeros con tiempo y a las once estaba más que preparado para marcharme. Así que, puntual, contemplé cómo se abrían aquellas puertas gigantescas para dejarnos salir del agujero donde pasé los peores días desde que dejé Duala. Peor que toparme con Boko Haram, peor que el hambre y el frío de la intemperie, peor que perderme en el Sáhara, peor que la explotación en Argelia, que estar a punto de morir quemado vivo, que intentar sin éxito saltar la valla, que cruzar a Ceuta a nado mientras nos disparaban pelotas de goma, peor que todo eso fue verme tratado como un criminal y reducido a la animalidad, encerrado en la jaula del CIE.

«¿A quién has visto estudiar,
de los que vienen como tú?»

Salí del CIE con un paralizante sentimiento de vacío, de haberlo perdido todo y de estar obligado a empezar la lucha, otra vez, desde cero. Fuera nos esperaba una furgoneta cuyos ocupantes, desde dentro, nos invitaron a entrar. Eran tres técnicos de acogida de una ONG que trabaja con migrantes.

—¿Dónde nos lleváis? —les pregunté.

—Vamos a Almería —contestaron.

—Pero, a Almería, ¿adónde? —insistí yo.

—Os lo explicaremos todo luego, cuando lleguemos —dijeron.

No nos volvieron a dirigir la palabra en todo el trayecto. Pensé en lo chocante que era tanto misterio por parte de nuestros interlocutores, en la poca empatía que evidenciaba el abocarnos siempre a lo desconocido. Pero decidí no pensar mucho, relajarme y contemplar el paisaje a través de las ventanillas de la furgoneta. Era la primera vez que viajaba por la península ibérica con la posibilidad de disfrutar de la naturaleza que desfilaba ante mis ojos. A pesar de ese pequeño momento de tranquilidad, deseaba llegar a nuestro destino para despejar las dudas que asaltaban mi mente, por más que yo intentara mantenerlas a raya.

Tras cuatro horas de viaje, el paisaje cambió radicalmente. Pasamos del verde de los olivares y el monte bajo, del gris e incluso el blanco de las cumbres de las estribaciones de lo que luego supe que era Sierra Nevada, a tierras desérticas, primero, y acto seguido, para mi asombro, a un mar de estructuras de plástico y metal a lo largo de la carretera: campos de invernaderos. Hicimos una parada para dejar a dos compañeros en El Ejido, antes de recorrer los diez kilómetros que quedaban, según marcaba el GPS del conductor, que podía ver desde el asiento de atrás. De pronto, el hombre abandonó la carretera, se metió por una vereda entre los invernaderos y siguió conduciendo. Me alarmé porque por ahí no veía ningún tipo de movimiento ni a persona alguna. En plena inquietud, vi a lo lejos una casa, la única, rodeada de invernaderos. El conductor frenó brusco cuando llegamos ante esa vivienda.

—Ya estamos —nos lanzó—. ¡Bienvenidos a Las Norias!

—¿No íbamos a Almería? —le pregunté, perplejo.

—Sí. En realidad es lo mismo —me contestó uno de los otros.

—Almería es la provincia. La capital no queda lejos —dijo el tercero.

Con esas palabras llegué al que sería mi hogar en esa nueva etapa.

—Pasad. Os voy a enseñar vuestra habitación para que dejéis las cosas —anunció uno de los técnicos de acogida.

En el cuarto había dos literas de tres plazas cada una. Nos dijo que éramos seis en ese dormitorio, pero que los otros cuatro compañeros no estaban porque habían ido a trabajar al campo. Como recomendación, nos comentó que no dejáramos la ventana abierta porque entraba un fuerte olor de los productos químicos de los invernaderos. Además, para nuestra decepción, nos trasladó que, al ser viernes, y dada la hora que era, ese día no nos haría la entrevista inicial. Tocaba esperar al lunes de la semana siguiente, pese a la urgencia que sentía por que me aclararan muchas dudas. Según él, nuestros compañeros nos harían de guía el fin de semana, al no quedarse ningún trabajador de la ONG de guardia.

Salí a andar un poco para estirar las piernas y despejarme después de ese viaje tan largo. Quería buscar dónde recargar el móvil para llamar a mis padres, pero, aparte de los invernaderos, alrededor de la casa no había nada. Evité alejarme demasiado, para no perderme. De frente, por el camino, vi venir a dos jóvenes hacia mí y aproveché para preguntarles:

—Disculpad, ¿hay alguna tienda cerca donde recargar el saldo del móvil?

—No, qué va. Tendrás que ir al centro. Pero andando te queda a media hora por lo menos.

—Ah, vaya. Gracias. ¡Eh! Y vosotros, ¿adónde vais? —les pregunté.

—A una casa que hay aquí cerca. Vivimos allí.

—Estupendo. Yo vivo allí también. He llegado esta tarde.

Di media vuelta y volví hablando con ellos. Según me contaron, la vida en aquel lugar era complicada. Tenían que levantarse cada mañana al alba para ir a una rotonda a esperar a que los capataces de los invernaderos fueran a buscar jornaleros. Muchos días no pasaba nadie, no había faena y tenían que volver a la casa. Pero incluso cuando trabajaban, dada su situación administrativa irregular, les pagaban una miseria.

Tuve la impresión de no haberle hecho jamás a nadie tantas preguntas en tan poco tiempo como les hice a aquellos compañeros. Parecía un periodista o un investigador, porque quería tener toda la información precisa antes de la entrevista del lunes. Cuando llegamos a casa, todos los demás ya estaban en el salón. Los nuevos nos presentamos y enseguida empezamos a charlar. La mayoría se quejaba de las condiciones en las que se encontraba; sobre todo, de la falta de actividades en el centro. Esa ausencia de un programa, formativo y de inclusión, que criticaban los compañeros, no me sorprendió, pues ya desde Ceuta me di cuenta de que hacer sentir integradas a las personas inmigrantes carecía de importancia para el sistema.

En Ceuta, el CETI se encuentra a las afueras, lejos del centro de la ciudad, encaramado en un monte cerca de un campo militar. En cuanto al CIE de Tarifa, además de ser un centro de régimen cerrado, está en una isla, en el recinto de una antigua cárcel, alejado también del municipio. El método de aislar a los inmigrantes de la sociedad responde a una norma estructural, como evidencia el hecho de que hasta algunas ONG —que en teoría deberían trabajar para la inclusión de los inmigrantes— repitan el patrón de aislarnos. Es imposible lograr una buena inclusión como inmigrante dentro de una sociedad cuando se te excluye y se te aísla de manera sistemática. En casi todas las grandes ciudades de España hay barrios «de inmigrantes», que suelen ser marginales. Con frecuencia, los programas de acogida tienen alojamientos para sus «usuarios» o buscan pisos para ellos en dichos barrios alejados del núcleo urbano. Muchas veces, para justificar esa realidad ante las críticas, se argumenta que es por el precio asequible de las viviendas en esas zonas apartadas. En una conversación con la responsable de una asociación que trabaja con inmigrantes, esta me dijo que tener el piso de acogida fuera del núcleo urbano evitaba posibles conflictos entre la población autóctona y los inmigrantes. Me pareció preocupante escuchar esa declaración de una profesional encargada de los programas de inclusión, pues daba por hecho que la presencia de inmigrantes podría ser un motivo de conflicto con los demás, lo que refuerza los infundados estereotipos de que los migrantes son, *per se*, peligrosos.

El lunes llegó por fin y, con él, mi entrevista con la trabajadora social del centro. Yo había recabado mucha información el fin de semana, pero quería corroborar la mayor parte. La entrevista estuvo muy bien. Me explicaron que podía estar allí un máximo de tres meses, y que después me tendría que buscar otro recurso. Firmé una hoja con las normas después de leérmela con tranquilidad.

—Bueno, hasta aquí llega mi explicación —dijo—. ¿Tienes alguna duda?

—¡Muchas!

—¡Adelante!

—En primer lugar, querría saber si alguien me puede orientar para que pueda retomar mis estudios. Además me gustaría saber si tenéis actividades o si ofrecéis algún tipo de formación, aquí o en la ciudad.

—Pues del tema estudios no tengo idea, la verdad. Pero puedes hablarlo con el director, a ver qué te dice. En cuanto a actividades, en realidad no tenemos nada de momento. Había una voluntaria que daba clases de español, pero ya no viene. Por la mañana es obligatorio salir a buscar trabajo en los invernaderos o simplemente ir a dar una vuelta.

—Bien, entendido. ¿Cómo contacto con el director?

—Fácil. Suele estar en su despacho. Saliendo a la izquierda.

Sobre la marcha, me acerqué a hablar con el director. La puerta de su despacho estaba entreabierta. Me detuve un instante antes de entrar para ordenar las ideas y no olvidar nada clave.

—¿Se puede? —pregunté mientras llamaba a la puerta.

—Pasa, pasa.

Entré, me presenté y le planteé que al hacer la entrevista con la trabajadora social me había surgido una duda.

—Te escucho.

—Verá, estoy pensando en retomar aquí, en España, mis estudios, porque el motivo por el que me fui de Camerún fue para formarme. Ella me ha dicho que usted puede orientarme sobre ese tema.

—A ver… ¿Cómo has dicho que te llamas?

—Sani —le respondí.

—Mira, Sani. Actualmente, todos tus compañeros salen por la mañana a buscarse la vida en los invernaderos. Tú deberías hacerlo también si quieres ganar dinero cuanto antes.

—Lo sé. Eso me ha comentado la trabajadora social. Pero, aparte de ir a buscar trabajo, me gustaría saber cómo puedo continuar mis estudios.

—Pero… ¿a quién has visto estudiar, de todos los que vienen como tú? —me preguntó, riéndose—. Lo que tienes que hacer es salir a buscar trabajo en el campo. Eso es lo único que hay aquí, de momento.

Quedó claro que no íbamos a entendernos. Salí del despacho como si me hubieran echado un cubo de agua fría, tan desalentado, tan hundido, que habría sido mejor no haber tenido aquella conversación.

Los días siguientes empecé a plantearme buscar medios alternativos para encontrar orientación, incluso a través de otras entidades. En vez de ir al campo por la mañana, me encaminaba al centro de la ciudad, a una biblioteca, para leer y tener acceso a internet, donde buscaba la información que necesitaba. En la biblioteca me dijeron que tenía que hacerme un carné para sacar libros. Al carecer de documento de identidad, me recomendaron pedir una acreditación que demostrara que residía en el centro de acogida, y que consignara su dirección. Pensaba que sería fácil de conseguir, pero, para mi asombro, cuando se lo pedí a la trabajadora social, esta me contestó que no me podía hacer tal documento, dado que no estaba yendo a buscar trabajo.

Fue el segundo chasco en semana y media. Esas decisiones, a mis ojos absurdas, me frustraban. Seguía sin ver por qué, sí o sí, me abocaban a trabajar en el campo. Entonces propuse a los compañeros que tenían dificultad con el castellano que les podría dar clases por las mañanas, en vez de estar sin hacer nada. Aquello empezó a funcionar tan bien que, poco después, se nos sumaron los compañeros que madrugaban para buscar faena, pero que volvían sin haberla encontrado. Eso no solo no gustó nada, sino que irritó al director del centro, que no tardó en convocarme a su despacho. Ocurrió en medio de una de las clases. Cuando estuvimos a solas él y yo, me dijo que le habían llegado noticias de que estaba revolucionando a mis compañeros y que no les dejaba ir a los invernaderos.

—Esta va a ser la última vez que te hable del tema —me lanzó, expeditivo—. Aquí tenemos una forma de proceder y tú no la vas a cambiar. Todos tenéis que salir cada día por la mañana a buscar trabajo porque trabajo hay. ¡No nos obligues a tomar medidas drásticas! —me ordenó alterado—. Si crees que así vas a cambiar el mundo, estás en el lugar equivocado. Siempre tenemos problemas con los cameruneses porque pensáis que sois los más espabilados. Pero pincháis en hueso conmigo.

No me dio la menor opción a réplica, pero después de escuchar sus palabras despectivas e hirientes ya no tenía el menor interés en decirle nada.

A partir de ese día, la única idea que me rondaba por la cabeza era marcharme de allí más pronto que tarde. Al mes di el paso de manifestar que quería marcharme. En realidad no sabía a dónde ir, pero tenía compañeros que estaban en otros sitios. Algunos me dijeron, incluso, que asistían a cursos de formación. Necesitaba un cambio. Pero hasta para irme me pusieron impedimentos. Me dijeron que debía quedarme tres meses si quería que me pagasen el transporte al siguiente destino. Total, para que me permitieran salir tuve que dejar todas mis pertenencias en la entidad, como garantía de que volvería a saldar la deuda del autobús. Pero, por fin, de esa manera puse rumbo a Córdoba, al encuentro de Mady, un amigo de Burkina Faso con el que compartía habitación cuando estaba en el CETI, y dejaba atrás aquella experiencia nefasta para abrirme nuevos horizontes.

El califato de la esperanza

El 3 de abril de 2013, a las once de la noche, llegué, por primera vez y sin equipaje, a Córdoba. Entonces no podía imaginar que esa ciudad se convertiría en mi segundo hogar. En esta tierra pasé de no conocer a nadie a tener dos familias propias y muchas amistades. Es cierto que Duala es la ciudad que meció mi infancia, pero Córdoba es el lugar que supo resguardar mi adolescencia. Cada rincón me trae recuerdos de mi proceso de crecimiento. Para mí, de hecho, es mucho más que una ciudad: son nombres y apellidos, personas que han marcado mi vida para siempre.

A mi llegada a la estación de autobuses de Córdoba pensaba que Mady estaría allí esperándome. Pero era solo una fantasía que me había construido porque, desde dos semanas antes de emprender mi viaje, fui incapaz de contactar con él, pues su teléfono siempre estaba «apagado o fuera de cobertura». Aun así, iba con la esperanza de encontrarlo. La última vez que hablé con él, poco antes de su «desaparición», me había insistido mucho en que, ya que en Almería no podía hacer nada y tenía problemas, me reuniera con él. «Aquí te podrán orientar para estudiar», me decía cada vez que hablábamos. El día que salí de Las Norias intenté localizarlo varias veces, pero fue en vano. Pensé que su desconexión sería temporal, pero cuando llegué a Córdoba y volví a marcar su número saltó de nuevo la maldita locución del operador. Entonces, me temí lo peor. A los pocos días averiguaría por Facebook que Mady no se encontraba ya en Córdoba, ni siquiera en España, sino que se había marchado a Francia. Pero en ese momento, recién bajado del autobús en la estación de Córdoba, solo veía que el resto de los pasajeros se iban con sus respectivas familias que habían ido a recogerlos, o solos, a hacer cola para tomar un taxi, mientras yo intentaba ubicarme. Como iba sin equipaje, salí de la estación y empecé a caminar sin rumbo. Seguía a la gente para orientarme y llegar al centro de la ciudad. Acabé en un parque muy grande, los jardines de la Agricultura, más conocidos como el parque de los Patos. Pensé que podía ser un buen lugar para pasar la noche si no tenía otra alternativa. Al final de ese jardín se encuentra la Ronda de los Tejares, con muchas oficinas y sucursales bancarias. En esa avenida encontré una caja de cartón que puse justo delante de la oficina del Banco Sabadell para sentarme. Necesitaba descansar. En ese mismo sitio, el tiempo voló sin darme cuenta, y la siguiente vez que miré el reloj eran las dos de la madrugada. Total, que ahí me acosté. Y aquel lugar donde pensé que dormiría de modo provisional, solo esa noche, se acabó convirtiendo en mi dormitorio hasta encontrar eso que llaman «una alternativa habitacional».

El primer amanecer tras dormir como un mendigo en las calles de Córdoba, a las siete o siete y media de la mañana, fui a sentarme en aquel parque cercano para organizarme el día.

Sobre las nueve y media encontré a dos jóvenes de Senegal que hacían deporte en el parque, y les expliqué mi situación por si me podían dar referencias de alguna ONG que trabajara con inmigrantes. Me dieron la dirección de Córdoba Acoge, que no estaba lejos, y fui directo. En la entrada había personas de distintas nacionalidades y procedencias; unas, en la sala de espera; otras esperaban su turno fuera. Tras aguardar casi dos horas, me tocó hablar con una empleada que estaba en el mostrador.

—Hola, me llamo Sani —me presenté—. Acabo de llegar a la ciudad y necesito que me orienten o algún tipo de información respecto a cómo seguir con mis estudios aquí, en España. ¿Alguien me puede ayudar con eso?

La chica se quedó unos segundos pensando antes de contestar.

—Como dices que acabas de llegar, lo primero es hacerte una ficha. ¿Dónde vives?

—Estoy durmiendo en la calle. ¿Disponéis de recursos de acogida?

—Dame algún documento para rellenar la ficha y te paso con la trabajadora social para que estudie tu caso, a ver si hay plazas disponibles en nuestros pisos.

Entregué el resguardo de mi pasaporte y después pasé a la entrevista.

Mi conversación con la trabajadora social fue muy esperanzadora. A pesar de que me explicó que no tenían plazas libres en sus pisos, me comentó que me pondrían en la lista de espera. Mientras tanto, me ofreció asistir a las clases de español y a otras actividades que impartían. Además, como le dije que hablaba varios idiomas y que estaba interesado en hacer intercambios lingüísticos para ir conociendo a gente de Córdoba, me facilitó el contacto de un grupo de personas que se reunían tres veces por semana para practicar lenguas extranjeras.

Alcanzar el sueño

Mis primeros días de clase en el aula de Córdoba Acoge fueron muy aburridos. El español que impartían era muy básico, y yo, tras mi año en Ceuta, ya tenía un nivel medio, pero merecía la pena seguir allí para compartir tiempo con los compañeros y consolidar mi red de contactos. Al corregir los ejercicios de clase, el profesor se dio cuenta de que tenía que estar en un curso superior, pero en aquel momento solo había un grupo, y él era el único maestro. Así que un día, después de la clase, me comentó:

—¿Por qué no te preparas el examen de la Educación Secundaria Obligatoria?

—¿A qué equivale ese nivel en el sistema francés? —le pregunté, porque ese es el que se aplica en Camerún—. ¿Y cuándo sería la prueba?

—Ahora miramos la equivalencia —me respondió—. Pero la prueba será el 29 de junio.

—¡Si ya es abril! No me va a dar tiempo a preparármelo bien —respondí.

—Creo que tienes nivel. Yo lo intentaría —me dijo, confiado—. Total, no pierdes nada.

A partir de entonces, Miguel me trajo cada día ejemplos de exámenes de ediciones anteriores para que yo los preparase en el aula. Como todavía vivía en la calle, me faltaba el sitio y la calma necesarios para repasar después de las clases. Me sentaba a repasar en un banco del jardín de los patos, mientras duraban el día y la luz, y por la noche me echaba a dormir en mi rincón en la puerta del Sabadell de la Ronda de los Tejares.

La perspectiva que Miguel me abrió fue tan estimulante para mí que me levantaba cada mañana para ir a los institutos cercanos e informarme sobre la prueba de la ESO. Me facilitaron muy pocos datos, a veces ni me dejaban entrar al recinto. Lo que más me repetían era que no podía estudiar sin tener documento de identidad. Solo llevaba conmigo el resguardo de haber solicitado un pasaporte en la embajada de Camerún en Madrid.

La falta de documentación complicaba mucho las cosas. En una conversación que tuve con Miguel, me dijo que los institutos dependían de la Consejería de Educación, y que debía matricularme en su Delegación Provincial para que me asignasen el centro donde realizar la prueba. Al día siguiente, muy temprano, busqué dónde estaba la delegación, y allí que me presenté. Cuando al fin abrieron, me fui a la ventanilla de atención al público, esperé mi turno y les expuse el caso.

—Buenos días, vengo a matricularme para la prueba libre de la ESO.

—Déjeme su documento de identidad, por favor.

Entregué el resguardo del pasaporte y tras cinco minutos intentado introducir mis datos en vano, la mujer me dijo que el sistema no la dejaba seguir, pues le pedía un Número de

Identidad de Extranjeros (NIE) del que yo carecía. Me devolvió todos los documentos que había rellenado y no me ofreció más opción. Me fui de allí decepcionado y hundido. Me resultaba incomprensible que no hubiera otra manera de realizar la matrícula.

Por eso, desde entonces, cada día me volvía a presentar en la misma oficina, con la esperanza de encontrar algún medio alternativo a la inscripción digital. Yo iba, y si veía que en la ventanilla estaba la misma funcionaria, ni me acercaba, me daba media vuelta y me marchaba. Pero en uno de mis intentos salió un señor y se dirigió a mí:

—Le veo aquí todos los días, ¿qué necesita? —me preguntó.

—Sí, disculpe, quería inscribirme para realizar la prueba libre de la ESO, pero el sistema informático solo admite inscripciones con el NIE, y no tengo.

—Bueno… Déjeme los documentos que trae. Intentaré hacerlo de manera manual, como antiguamente, a ver si así se lo admiten. Déjeme un número de teléfono para ponerme en contacto con usted cuando lo tenga.

Le dejé mi contacto y salí muy contento, con mis resguardos de haber entregado, por fin, la solicitud de preinscripción.

Estuve dos largas semanas esperando recibir la llamada prometida, hasta que un día, por la mañana, me sonó el móvil y vi un número largo. Descolgué al primer tono.

—Buenos días, ¿hablo con Sani?

—¡Sí, dígame!

—Soy Carlos. Le llamo de la Delegación de Educación. Es para decirle que hemos conseguido realizar su matrícula. Le ha tocado el instituto de Trassierra para hacer la prueba. ¡Mucha suerte!

El hombre cortó la llamada, pero permanecí casi dos minutos con el teléfono pegado a la oreja porque no me lo podía creer. «¡Lo estoy consiguiendo!», grité, con el puño en alto y los ojos cerrados. Enseguida llamé a Miguel para darle la buena noticia. Él estaba tan contento que me dijo que, ya que habíamos obtenido la inscripción, él hablaría con el jefe de estudios de una escuela para adultos, en el parque Figueroa, donde también daba clases, para ver si podían acelerar mi proceso de preparación junto con los demás alumnos que iban a presentarse a esa prueba. Me hizo mucha ilusión ver que por fin alguien creía en mí, compartía mis alegrías y apostaba por ayudarme a conseguir las mínimas condiciones necesarias para lograr mis metas.

A la espera de la respuesta de esa escuela, yo seguía preparándome por mi cuenta. Una vez, de camino al Albergue Municipal de la Fuensanta, donde iba a ducharme cada tarde, encontré por casualidad la Casa de la Juventud, que estaba cerca. Entré a pedir información, porque necesitaba un espacio tranquilo para estudiar. Me dijeron que, por supuesto, podía utilizar los espacios habilitados y la biblioteca. Desde entonces fue mi refugio para centrarme en mis repasos. Me quedaba allí a estudiar todos los días salvo el domingo, hasta la hora de cierre. Cada vez que tenía dudas sobre algún tema escribía a Miguel, y él enseguida me llamaba para solventarlas.

En un primer momento, la respuesta de la escuela de adultos fue negativa, pues el plazo de matriculación ya había pasado y los grupos estaban muy avanzados. Pero Miguel insistió mucho, argumentando que yo acababa de llegar a la ciudad y que merecía la pena darme esa oportunidad. El jefe de estudios, Ramón, le pidió a Miguel que me encargara un trabajo cualquiera sobre algún tema, como prueba de nivel. Miguel me llamó por teléfono para trasladarme la petición de Ramón, y me dijo que intentara entregar el trabajo cuanto antes. La misma noche, cuando terminé de hablar con él, me puse manos a la obra a trabajar en el tema que tuve muy claro que quería tratar: «La violencia machista». Me decidí por él porque acababa de leer, y me había impresionado, que ese año, 2013, en España se empezaron a registrar, por primera vez, los asesinatos de niños y niñas perpetrados por las parejas o las exparejas de las madres, en casos de violencia de género. Al día siguiente fui a la Casa de la Juventud, navegué horas por internet recopilando datos, completé con ellos el trabajo y aquella misma tarde fui a entregárselo a Miguel.

Cuando Ramón recibió mi trabajo, le pidió mi teléfono a Miguel para felicitarme y para anunciarme que podía empezar a ir a sus clases para adultos. Quedaban tan solo dos semanas para el examen. Sentía una gran presión sobre mí porque, por una parte, quería hacerlo bien, para no defraudar ni a Miguel ni a Ramón, que habían apostado por mí, y además necesitaba aprobar ese examen, que tanto esfuerzo me exigía, para seguir adelante. Empecé a vivir en una especie de cuenta atrás hasta la fecha de la prueba. Cada día repasábamos los tres grandes bloques del examen, y por la noche seguía estudiando, entonces solo, apuntando dudas que debía resolver a la jornada siguiente.

El 29 de junio de 2013 me levanté muy temprano para dar los últimos repasos de matemáticas porque era la asignatura en la que más dificultades tenía. A las ocho en punto estaba en la entrada del instituto Trassierra. Me costó encontrar mi aula, porque invirtieron mi nombre y mi apellido, pero enseguida me ayudó un profesor y entré cuando ya estaban pasando lista. Al escuchar mi nombre supe que era el momento, que no había marcha atrás, y me sentí a la vez nervioso e impaciente por empezar.

Fue un día increíblemente especial para mí. El mero hecho de entrar en el aula del examen, de reencontrarme con esa atmósfera de la prueba después de tantos años, de mi camino migratorio, me emocionaba muchísimo. Me tuve que contener para que ese sentimiento no me dominara y me impidiera concentrarme en el examen.

Después de pasar toda la mañana haciendo un ejercicio tras otro, acabé muy satisfecho. Tocaba esperar los resultados.

Mi piedra angular

Eran las diez de la mañana. Miguel me llamó para pedirme mis datos y comprobar los resultados del examen de la ESO.

—No me cuelgues —me dijo—, que lo miro mientras hablamos.

—Estoy muy nervioso. —Recuerdo que le contesté—. Me cuesta hasta respirar. —Intenté inspirar despacio—. Creo que voy a colgar.

—¡Ya está! ¡Oleee! ¡Enhorabuena, tío! —gritó, lleno de alegría—. Éxito más que merecido. ¡Qué orgulloso estoy de ti! Oye, esta tarde iba a ir a jugar al fútbol con mis amigos. Vente y después lo celebramos.

Casi no le escuchaba. Estaba llorando de alegría. Después de tantos años experimentaba de nuevo la satisfacción por un logro académico. Así conseguí mi primer objetivo en España y la que sería mi «piedra angular» en la construcción de ese futuro soñado.

Celebré ese logro con toda la gente que entonces me rodeaba en Córdoba, pero también, aunque fuera en la distancia, con quienes estuvieron antes conmigo, en Ceuta y Duala.

Tocaba buscar institutos por la zona que conocía y explo-

rar las posibilidades a mi alcance para cursar el bachillerato
en alguno de ellos. Pero, para ser práctico, antes que nada fui
a hablar con la trabajadora social de Córdoba Acoge para in-
formarle de que había aprobado el examen libre de la ESO y
preguntarle qué me recomendaba. Su consejo fue que hiciera
un curso de Auxiliar de Geriatría para ser cuidador de ancia-
nos porque, según ella, así conseguiría rápido un trabajo. No
era lo que yo quería hacer, y le respondí con sinceridad que
mi ilusión era estudiar bachillerato, concretamente el de Hu-
manidades y Ciencias Sociales, para después hacer una carrera
universitaria. Ella me lo desaconsejó porque, según su criterio,
ese era un camino muy largo. Entendí su legítimo punto de vista,
aunque no lo compartía. Así que tomé la decisión de poner
todo de mi parte para afrontar mi nuevo reto.

Pero, como siempre, iba a toparme con otro gran obstáculo al intentar inscribirme en el bachillerato: ningún instituto me
quería matricular sin la tarjeta de residencia. En aquel momento solo tenía el pasaporte como único documento de identidad. Estuve recorriendo casi todos los institutos de Córdoba,
siguiendo una lista que me hice, pero en cada uno de ellos me
decían que el pasaporte no era suficiente para tramitar la matrícula.

«¿Qué te pasa?»

Durante mis primeras semanas en Córdoba había tenido dos objetivos muy claros: por una parte, ubicarme para encontrar información de cara a retomar mis estudios; por otra, tejer una red de contactos con los que intercambiar ideas, recibir nuevos estímulos y crecer. Ya en aquella primera entrevista con la trabajadora social de Córdoba Acoge, le planteé dar clases de francés con tal de no estar sin hacer nada, y ella me recomendó una pequeña organización, Bicis Solidaria, compuesta por un grupo de personas que ofrecían clases de idiomas en diferentes puntos de la ciudad, sin contar con sede propia. La iniciativa me pareció estupenda, y me uní. Las clases de francés se impartían en la floristería de Inés, una francesa afincada desde hacía mucho en Córdoba.

Mi toma de contacto con ellos fue muy agradable. Constaté que la gente iba con muchas ganas de aprender y valoraba las enseñanzas que recibía. Después de la clase, Inés nos solía invitar a tomar café y traía dulces de su casa para compartir. Nos quedábamos horas hablando en francés mientras ella atendía a los clientes.

Un día llegué a clase muy preocupado porque la noche

anterior, en la calle donde pernoctaba, me atacó un grupo de jóvenes con cuchillos. Por suerte apareció una patrulla de policía y salieron corriendo, pero temía que el episodio se repitiera cualquier otra noche mientras dormía. Di la clase disimulando mi nerviosismo. Pensé que nadie notaba nada. Pero al terminar, cuando ya me iba, Inés me pidió que me quedara para comentarme algo.

—Sani, hoy te veo raro. ¿Qué te pasa? Cuéntame, anda.

—¿A mí? Nada —le mentí—. Será que me duele un poco la cabeza.

—Pues espera que te dé un ibuprofeno.

—Gracias, me vendrá bien —le contesté.

—¿Has comido?

—No me ha dado tiempo antes de venir —le confesé.

Ella cruzó al bar que había frente de la floristería y me trajo un bocadillo «para que no tomes el ibuprofeno con el estómago vacío», dijo.

En realidad, el dolor de cabeza que tenía aquel día era más psicológico que físico, pero la pastilla me sentó bien. Aunque aún mejor fue la conversación que acto seguido mantuvimos. Era la primera vez en mucho tiempo que alguien se sentaba a escucharme. Inés me dijo que sabía que algo me pasaba, que compartir las preocupaciones era el primer paso para aliviarlas. Quería quitarme todo aquel peso y miedo de encima, pero dudaba si eso sería implicarla, ponerla en algún tipo de compromiso. Supo crear un ambiente de confianza, transmitirme seguridad. Finalmente le conté el ataque de los navajeros y luego le hablé sobre mi historia, sobre mi tránsito. Cualquiera hubiera necesitado tiempo para asimilar cuanto estaba oyendo. Pero ella reaccionó de inmediato:

—Mira, Sani, soy madre y tengo tres hijos. Uno de ellos, Robin, tiene tu edad. Me horrorizaría que él pasara por lo que tú pasas —me dijo con ternura maternal—. Vivimos en el piso que está encima de la floristería. A mi hijo mediano, Yannick, le encanta el fútbol, como a ti. El mayor, Axel, vive en Francia. Ahora está aquí de vacaciones, pero se marcha en dos días, y su habitación quedará vacía. Quiero que vengas a vivir con nosotros. Se lo diré a mis hijos. Piénsatelo. Estarás en casa, en familia.

Nos emocionamos mucho ese día. Inés llamó a Yannick, él se pasó, nos presentamos y enseguida conectamos. Me sentí querido por gente que apenas me conocía, dispuesta a protegerme y a convertirme en miembro de su familia sin recibir nada a cambio. Yannick me invitó a ir con él a jugar al fútbol con sus amigos. Y ahí, viendo su trato tan cercano, supe que esa familia me brindaría una buena acogida. Después fuimos a cenar al que sería mi nuevo hogar, y allí conocí a Robin, el más pequeño y divertido. Desde el principio, todos me recibieron con los brazos abiertos.

Dos días después, tras la clase de francés, Inés me entregó las llaves de su casa, dándome la bienvenida a mi nueva familia. Con ese gesto tan simbólico y significativo para mí, Inés hizo mucho más: me ofreció un cariño inconmensurable, justo lo que más necesitaba.

Ese fue el inicio de un amor incondicional que hoy en día continúa. Desde el primer momento, Inés quiso acompañarme en mi proceso de seguir mis estudios. Como ya tenía la ESO aprobada, mi nueva familia vivió conmigo la búsqueda de instituto y la negativa a matricularme de todos los que visitaba, por carecer de NIE y de permiso de residencia. Una vecina, Yolanda, era profesora en la escuela de arte Dionisio Ortiz, donde Robin cursaba segundo de bachillerato. Al conocer mi situación, me animó a probar suerte allí, aunque en su centro solo se impartiera el bachillerato de Artes.

Aquel fue el único sitio donde me permitieron inscribirme. O mejor dicho, lo habrían hecho de haberlo solicitado a tiempo, porque, por desgracia, el plazo había expirado dos días antes. Hice una prematrícula para quedar en lista de espera por si alguien renunciaba a su plaza, y una semana después me llamaron y me comunicaron que, si quería, había quedado una plaza para mí. Me vi «obligado» a escoger el itinerario de Artes para no quedarme, de nuevo, todo un año sin estudiar. La última vez que había cogido un lápiz para dibujar había sido en infantil. Consciente de que no iba a saber ni por dónde empezar, me aterraba haber hecho tanto esfuerzo para acabar fracasando. Pero también tenía presente que las asignaturas troncales eran casi las mismas en todas las modalidades de bachillerato.

Recuerdo mi primera clase de dibujo, cuando la profesora nos puso como primer ejercicio dibujarnos a nosotros mismos de espaldas. «No sé dibujarme ni mirándome al espejo, así que esto, imagínate», pensé. Todos mis compañeros se pusieron a dibujar, y enseguida consiguieron resultados espectaculares. Lógico, ellos habían elegido esa rama por vocación y talento artístico. La mayoría quería hacer luego Bellas Artes en la universidad o algo relacionado con ese mundo. Yo era el único que nadaba, como un salmón, a contracorriente. Por más que me esforcé, solo me salía el típico dibujo de una cruz con un cero o una «O» como cabeza. La profesora se quedó estupefacta. Me sudaban las manos de miedo y de vergüenza. Jamás me había sentido tan inútil como aquel día.

—El ejercicio va en serio, Sani —me dijo la profesora.

—Lo sé. No hago esto así para burlarme. No sé dibujar, pero me gustaría que habláramos en el descanso y contarle mis circunstancias.

Cuando en el primer receso pude hablar con ella, se lo expliqué todo y le prometí esforzarme durante el curso para, al final, aprobar la materia. Por suerte conté tanto con su apoyo como con el de mis compañeros y, gracias a eso, poco a poco superé mi complejo de inutilidad total.

El último día de curso la maestra trajo la carpeta donde había guardado todos mis dibujos y los enseñó como muestra de mi progreso. Aquello me emocionó. Todos mis compañeros aplaudieron. Obviamente, no era una colección de Picasso, pero sí obras de «un Sani» en sus diferentes etapas.

Por suerte, lo que en principio se me presentó como un revés importante, acabó siendo una experiencia inolvidable, por el ambiente y, una vez más, por la gente: profesores y compañeros que me rodeaban, que creyeron en mí y me alentaron a superar mis límites.

Junto con lo académico, en Córdoba al fin tenía un nuevo hogar, y tras tantos años de mera supervivencia, por primera vez, estabilidad emocional. Mi nueva familia se preocupaba por mí, me quería. Era un sueño levantarme por la mañana y que me preguntaran «¿Qué tal has dormido?» o el simple el hecho de cenar juntos al final del día y contarnos cómo había ido la jornada. En lo afectivo y emocional volví a nacer.

Dos madres en España

Vivir al fin en ese estupendo ambiente familiar no me libraba de preocupaciones. Por una parte, el Gobierno, que acababa de restringir el acceso a la sanidad de los inmigrantes, anunció su intención de aprobar un decreto para multar a la gente que acogiera en casa a extranjeros. Avisé a Inés, pero me dijo que no me preocupara. A pesar de ello busqué información detallada por internet porque temía que, encima de lo bien que se estaba portando conmigo, la multaran. Incluso dejando aparte ese potencial peligro, yo no estaba tranquilo, pues era consciente del enorme esfuerzo que suponía para Inés afrontar sola los gastos de una casa con tres hijos. Me obsesionaba el hecho de encontrar un trabajo para contribuir mientras seguía estudiando, pero ella insistía en que me centrara en los libros. «Donde comen tres, comen cuatro», solía decirme.

Aun así, al año de estar con ellos, advertí que a Inés cada vez le costaba más mantenernos, de modo que hablé con Ramón, mi antiguo profesor, ya amigo, para pedirle que me ayudara a buscar empleo. A él se le ocurrió correr la voz entre un grupo de amigos y, como por esas fechas me invitaron a dar una charla en el instituto Santa Rosa, recomendó a esos íntimos suyos que asistieran y me conocieran en persona.

Esa tarde, cuando terminó la charla, mucha gente se acercó a felicitarme. Una señora esperó hasta el final para acercarse, estar a solas y comentarme:

—Enhorabuena, Sani, por todo lo que has contado, y gracias por hacerlo así. Soy María José. Me gustaría invitarte el sábado o el domingo a comer a casa, con mis amigos.

—El sábado tengo que hacer un trabajo de clase. Pero el domingo sí podría —contesté.

En cuanto llegué a casa, le hablé de esa invitación a Inés. Era la primera vez que alguien, salvo mi familia cordobesa, me invitaba a su casa a almorzar.

María José me había citado a las tres de la tarde, pero llegué una hora antes. Durante la comida estuve hablando mucho con ella, con su marido y con todo el grupo. Tenía interés en conocerlos, y comprobé que era recíproco. Pasada la sobremesa, cuando íbamos a despedirnos, María José me dijo que ella y Carlos querían ofrecerme que viviese con ellos y su hija Irene, que ese día no estaba en casa. La verdad, me había sentido muy a gusto en el almuerzo, había hablado de todo tipo de temas con ellos.

—Gracias por la propuesta, de verdad. Pero tengo que hablarlo con Inés antes de decidir nada. Os respondo pronto —le dije, y me fui.

Esa noche, en casa, le conté a Inés que María José y su familia me habían ofrecido vivir con ellos. Su primera reacción fue decir que no, que era un disparate y que no los conocía de nada. A pesar de los apuros económicos que le costaba mantenernos, le preocupaban mucho mis estudios y mi estabilidad emocional, pero seguí insistiendo en que quizá irme con ellos fuera lo más razonable.

—Sin que yo la conozca en persona —dijo entonces—, la cosa ni se plantea.

Esa respuesta suya, su preocupación de madre, fue muy significativa para mí.

Una semana después, Inés y María José quedaron para conocerse. Inés volvió muy contenta de ese encuentro. María José le había caído genial, dijo que habían mantenido una conversación agradable e interesante, y que ella se quedaba tranquila y convencida de que me cuidarían bien y velarían por mi formación, algo que para ella era clave.

—Por no hablar de que viven aquí al lado —sonrió—, con lo que podrás ir y venir de una casa a otra cuando quieras.

Al acabar el curso me organizaron una fiesta sorpresa de despedida en casa de Inés con mis hermanos, vecinos y amigos. Ella buscó videotutoriales en internet y compró productos típicos para preparar platos de Camerún. No quise considerar ese momento como una despedida porque, incluso después de mudarme con mi nueva familia, nos seguíamos viendo.

Pero lo cierto es que supuso empezar otra etapa. Nada más abrirme la puerta y presentarme a Irene, María José me dijo:

—Estás en tu casa, siéntete en familia. Lo compartiremos todo e intentaremos aprender los unos de los otros.

Tras un año conviviendo con Inés y sus hijos, que a menudo recibían visitas de amigos, a veces me encontraba solo, ya que Carlos y María José trabajaban por la mañana. Incluso cuando ella volvía de la oficina, solía echar más horas desde casa. Aun así, poco a poco fuimos encontrando tiempo para hablar y seguir conociéndonos.

Todo iba bien, pero tres meses más tarde, cuando empezaba a adaptarme a mi nuevo hogar y me preparaba para el siguiente curso, me llegó una oferta de trabajo en Zaragoza tras conseguir mi permiso de residencia. Entonces me enfrenté a un gran dilema: por una parte, quería quedarme en Córdoba con mis dos familias, quería seguir estudiando y disfrutar de uno de los momentos más felices de mi vida, pero, por otra, llevaba mucho tiempo anhelando trabajar y tener independencia económica. Pero sin abandonar mis estudios, que seguían siendo lo principal para mí.

Lo hablé con mis dos familias, especialmente con Inés y María José, a quienes pedí su punto de vista. Ninguna de las dos veía bien que me fuera. Querían que me quedara en Córdoba y me centrara en formarme. Ambas coincidieron en que me costaría compaginar estudios y trabajo.

Pero yo, a diferencia de ellas, estaba convencido de que era el momento de dar el salto, de dejar el nido. Fue una dura coyuntura para todos, pero al final respetaron mi decisión y, muy a su pesar, me dejaron marchar, brindándome todo su apoyo.

Esas dos mujeres valientes, Inés y María José, encarnan para mí, desde que las conocí, el más puro amor incondicional.

La llamada que me rescató

Mi padre nos solía decir: «Lo que una persona mayor ve sentada, un chaval, aun subido a una escalera, no lo verá». Mi paso por Zaragoza me demostró cuánta verdad encierra ese refrán. Fue una experiencia tan dura que prefiero no ahondar demasiado. Creo que aún, años después, tengo pendiente procesarla. Sin embargo, aquella lección marcó mi vida, y explica mucho de lo que desde entonces he hecho y soy.

Durante aquellos dos años que estuve en Zaragoza, el apoyo de Inés y María José fue fundamental para mí. Seguíamos en contacto. Yo les contaba la evolución de mi proceso en tierras mañas y regresaba a Córdoba para pasar la Navidad. Cuando empecé a pasarlo muy mal, volví una semana a casa de María José para recargar las pilas. Fue una semana maravillosa con toda la familia, tanto que me costó horrores volver a Zaragoza.

Dos meses después, en la capital aragonesa, iba en un autobús escuchando música cuando me sonó el móvil y vi que era María José. Sabía que estaba a punto de irse de viaje a la India, pero al descolgar la oí llorar y me dio una noticia abrumadora que, sin duda, cambió el rumbo de muchas cosas. Le habían detectado un cáncer de mama. Todo dio la cara cuando descubrió una mancha rara en la zona de los ganglios, le hicieron una biopsia y dio positivo. Cuando me lo contó, intenté tranquilizarla, como ella hacía conmigo siempre que me pasaba algo, pero no hay palabras de consuelo para quien se enfrenta a un tumor. Yo no sabía nada del cáncer, pues no había tenido a nadie cercano al que se le hubiese diagnosticado. Queríamos confiar en que no fuera muy grave, en que los médicos lo hubieran detectado a tiempo. En cuanto colgamos me puse a buscar información por internet. En todo lo que leía se hacía hincapié en que el cuidado afectivo del enfermo es vital en ese proceso. Era la ocasión perfecta para volver a casa, para estar al lado de María José y de la familia y compartir los duros momentos que se avecinaban.

Tomé la decisión de regresar a Córdoba y, entre todos, vivimos juntos los primeros tratamientos y los cambios aparejados en ella, tanto a nivel físico como emocional. Incluso en lo más duro de su enfermedad, María José se mantuvo siempre pendiente de Irene y de mí. Daba prueba de una fortaleza extraordinaria. Mantenía, a pesar de todo, el mejor de los ánimos. Era, para quienes la rodeábamos, el mejor ejemplo de cómo no decaer, lo que nos ayudaba a mantenernos enérgicos para sostenerla cuando era necesario.

El apoyo era mutuo y total, porque en ningún momento quiso que lo centráramos todo en ella, que seguía haciendo su vida normal e insistía en que hiciéramos lo mismo. Retomé mis estudios, tras haberlos abandonado los dos años que estuve en Zaragoza.

—Quiero que te centres en el bachillerato y hagas una carrera, que sé que es tu sueño.

Esa era la frase que más me repetía cada vez que hablábamos.

El golpe de su enfermedad me enseñó no solo a escuchar, sino a poner en práctica los consejos tanto de María José como de Inés.

De haberles echo caso dos años antes, me habría evitado la siempre reveladora pero también dolorosa enseñanza del fracaso.

Volver a mi tierra tras siete años

En febrero de 2016, María José me regaló por mi cumpleaños un viaje a Camerún. Hacía siete años que había salido de Duala.

—Lo he pensado muchas veces, Sani —me dijo al darme el vale por el billete—. No puedes seguir sin ver a tu madre.

Con la sorpresa, con el impacto de verme de vuelta, me quedé bloqueado. A bote pronto no sabía qué decirle. Estaba en *shock*. Me imaginaba la ciudad, el barrio, nuestra casa, toda la gente a la que vería, al fin, después de tanto tiempo. Mi familia, a quienes más amo.

Pasaron diez meses hasta el viaje. Había llegado a España el 22 de diciembre de 2011 y, por circunstancias, la vuelta a mi tierra al final iba a ser el 22 de diciembre de 2016.

En un primer momento pensé en no avisar a mi madre para sorprenderla, pero hubiera sido demasiada emoción para ella, así que decidí adelantárselo. Estaba ilusionadísima. Tanto que la semana previa al vuelo empezó a llamarme a diario para que le dijera todo lo que quería una vez llegase, de comida, de paseos, de visitas de parientes y amigos…

La víspera del vuelo ya tenía todo el equipaje organizado,

pero psicológicamente necesitaba aislarme para prepararme para lo que se me venía. Aquella noche fui incapaz de dormir. Cuando cerraba los ojos, se me aparecían imágenes de cuando dejé mi casa y a mis amigos. La verdad era que, aunque todos esos años los hubiera seguido viendo en fotos y videollamadas, la realidad que dejé atrás quedó congelada para mí. Me costaba asumir que, con el paso del tiempo, muchas cosas habrían cambiado, debido al miedo de sentirme extraño a mi regreso.

Salí al amanecer hacia Madrid, de donde despegaba mi vuelo. Estaba a punto de iniciar un viaje que, en menos de siete horas me devolvería a Duala, contando con una pequeña escala en la marroquí Casablanca, cuando en el trayecto de ida tuve que pasar dos años atravesando medio continente africano y me vi obligado a arriesgar la vida varias veces.

Cuando pasé todos los controles del aeropuerto sin el menor problema, pensé: «¿Acaso he cambiado? ¿No sigo siendo la misma persona que tuvo que arriesgar su vida para llegar a Europa?». La única diferencia era un documento, aquel cartón con mi foto y mi nombre, unas pocas letras y números que me habilitaban a cruzar las fronteras. El fruto de la demencial política migratoria que decide quién es legal y quién no. Que determina quién tiene derecho a circular con libertad y quién no, dependiendo siempre del lugar de nacimiento de las personas.

Durante ese viaje llevaba conmigo el libro de Frantz Fanon *Los condenados de la tierra*, una obra que realiza un gran análisis de los efectos psiquiátricos causados por la barbarie de la colonización, y en la que el autor invita a crear un «hombre nuevo». Me sentí muy interpelado por Fanon en todo momento, pues entendí que el proceso por el que yo había pasado era el resultado de la relación de dominación del norte sobre el sur que él tan bien describe a lo largo de esa joya de ensayo. Me sentía muy identificado con ciertas reacciones psicológicas que él analiza. Era la lectura perfecta para mi viaje de vuelta. Además me ayudó a entender y a verbalizar ciertos sentimientos que me asaltaron la semana previa al viaje, el día de mi partida e incluso en mitad del vuelo. Leí con avidez en el trayecto de Madrid a Casablanca, y también durante gran parte del tiempo de la escala, antes de coger el vuelo para Duala. Pero en Casablanca, de tanto en tanto, también me quedaba admirado al comprobar su carácter de cruce de caminos de viajeros del mundo entero, que vienen y van desde o hacia la llamada África subsahariana.

Cuando vi aparecer DESTINO: DUALA en la pantalla de la puerta de embarque, me emocionó lo inminente que era ya mi llegada. En la fila para embarcar, ya pude escuchar, después de muchos años, algunos de los idiomas propios de Camerún. Embarcamos con media hora de retraso. Casi todo el mundo se quejaba, pero yo estaba muy calmado. Lo único que podía alterar mi estado en aquel momento era una cancelación del vuelo del Boeing 737-800 de Royal Air Maroc. Pero eso no sucedió. Cuando llegaron las azafatas, nos identificaron a un ritmo frenético, con lo que, una vez en cabina, el comandante nos informó de que se mantenía la hora prevista de llegada. Despegamos a las doce en punto. El avión iba lleno a reventar. La mayoría de los pasajeros eran cameruneses que volvían para pasar la Navidad en familia. Ya estaba en la última cuenta atrás para llegar a casa. Aún quedaban más de cinco mil kilómetros de distancia. Me repetía una y otra vez: «¿Cómo encontraré a mis padres y hermanos? ¿Cómo estará el barrio? ¿Me reconocerán mis amigos? ¿Cómo reaccionarán mis sobrinos, que nacieron después de mi marcha? ¿Podré recuperar el tiempo perdido o se habrán enfriado los vínculos?». Esas dudas me agobiaron tanto que acabé sofocado. Cuando anunciaron el aterrizaje en el aeropuerto internacional de Duala, tenía el estómago revuelto por los nervios. Las piernas y las manos me temblaban. Al fin tomamos tierra.

Nada más salir a la escalerilla nos recibió un calor húmedo que me impactó, sobre todo teniendo en cuenta que habíamos despegado de Madrid a tres grados, por lo que iba demasiado abrigado. Ante la tesitura de pasar el control aeroportuario, por primera vez en mucho tiempo tuve la tranquilizadora sensación de contar con el pasaporte adecuado para la dichosa frontera: se trataba de entrar en Camerún, y mi pasaporte es camerunés.

Fui a recoger la maleta preguntándome quién habría ido a buscarme, porque yo le había dicho a mi madre que prefería un regreso discreto, sin tumulto familiar en el aeropuerto.

Nada más salir, mientras empujaba el carrito con el equipaje, vi en primera fila a mi madre, quien, sin poder esperar más, saltó la barra tras la que todo el mundo espera y salió corriendo a abrazarme. Dejé el carrito a un lado y también fui hacia ella. Cuando nos dimos ese abrazo tan esperado, tan sentido, el tiempo se detuvo para mí. Los dos nos echamos a llorar. Mi padre se nos unió. Mientras, mi hermano Mohamed Bachir grababa porque, como buen periodista, no quería dejar de inmortalizar nada. Luego, él también vino a abrazarme, pero mi madre no me soltaba. Me cogió la cara, me miró varios minutos, sin acabar de creerse que me tenía ahí. No paraba de decir: «Mi Sani ha vuelto, mi Sani ha vuelto vivo. Sano y salvo». Pero enseguida me soltó esa puya tan de madre: «¿Y esas barbas?». Claro, me había ido siendo un niño y a ella le habría gustado recuperarme en el instante en que me había perdido.

Salimos muy tranquilos de la terminal de llegadas del aeropuerto, pero cuando llegamos al aparcamiento, ¡allí estaba todo el barrio esperándome! ¡Habían fletado un autobús para venir a buscarme! ¡Menos mal que le dije a mi madre que quería un recibimiento discreto!

—Ni sé cómo se han enterado —dijo con la boca pequeña—. ¡Cómo les iba a impedir que vinieran, con lo contentos que estamos! —añadió sincera—. ¡Hay mucho que celebrar!

Durante el camino a casa, ya avisté algunos cambios ocurridos durante mis siete años de ausencia. Todo me parecía extraño. Me costó reconocer hasta la escuela católica, a la entrada de mi barrio, donde estudié de pequeño. La mezquita, frente a mi casa, lucía completamente nueva, con el minarete que, al final, habían logrado ponerle.

En casa aún me esperaba más gente que no pudo trasladarse al aeropuerto, pero que quería darme «un abrazo, por lo menos». Ahí estaban también los pequeños que me llamaban «el tito del teléfono», sorprendidos de encontrarse por primera vez conmigo en persona. Estaba agotado del viaje, pero nos sentamos a hablar en el patio grande de la casa. Y ahí estuvimos desde las cinco de la madrugada que llegamos hasta las diez de la mañana. Mi madre y mi abuela no paraban de sacar platos de comida, además de todo lo que habían traído los vecinos. Dormir esa primera noche fue imposible.

Por la tarde, después de un pequeño respiro, salí a dar una vuelta con mis amigos. Un sentimiento de confusión se apoderó de mí. Por una parte, me sentía aliviado al estar entre los míos, en mi barrio, pero por otra me notaba muy extraño; yo, el niño de Duala que fui, no podía ubicarme en las calles que guardaban mis mejores recuerdos de la infancia. Poco a poco empecé a situarme, sobre todo cuando la gente me reconocía por la calle y nos saludábamos. De hecho, tardaba en avanzar en el recorrido porque cada cincuenta metros me tenía que parar a saludar al padre, a la madre o al hermano mayor de algún amigo del barrio. Tras los cariñosos saludos habituales, la gente insistía en repetir: «¡Cuánto has tardado en volver!». Fue reconfortante reencontrar esa cortesía, la calidez de unas relaciones sociales que en mi comunidad están por encima de todo, incluso del trabajo.

Mis amigos y yo fuimos a lo que llamamos «El Parlamento», la sede de todo tipo de tertulias entre jóvenes, porque yo me moría de ganas de volver a verlo. Y allí nos encontramos con un grupo sentado, como de costumbre, alrededor de una tetera. Los chavales me invitaron a compartir un rato con ellos. «Este es mi barrio», pensé mientras saboreaba un buen té y charlaba con la nueva generación.

Enseguida me llamó mi madre para avisarme de que no paraba de venir gente a verme a casa. Me fui directo a atenderlos. En todo momento se departía comiendo. Por la noche llegó al fin la hora de quedarme a solas con mi familia y dar rienda suelta a mis ganas de contarles, con el detalle que no me había permitido hasta ahora, mi ruta migratoria. Ese instante de confesión, de relato, no salió, sin embargo, como tantas veces había imaginado. Mi madre empezó a llorar casi desde el principio, y era incapaz de parar; mi padre no dejaba de preguntarme en qué me habían fallado para que yo tomara una decisión tan drástica como aquella. No quería empañar la alegría del reencuentro haciéndoles sufrir, así que paré y les insistí en que ellos no tenían culpa alguna, en que no les reprochaba nada, porque reconozco y siempre he reconocido que lo tuve todo en casa. Toda la responsabilidad de «la locura» de partir fue mía y solo mía. Ellos no tenían culpa de nada.

Luego me metí en mi cuarto. Me detuve a pensar cómo lo habían mantenido intacto durante mis años de ausencia, tal como lo dejé antes de marcharme. Salvo por un elocuente detalle: de la pared habían desaparecido las fotos de Bob Marley, Thomas Sankara y el Che Guevara. Esas por las que los amigos que solían venir a debatir sobre política y temas de actualidad llamaban a mi habitación «el Bundestag».

Durante casi toda mi estancia en Duala no me separé de mi madre, que insistía en que tenía que «recuperar el tiempo perdido». Además, en cada conversación, intentaba convencerme de que me quedara y no volviera a España. Siempre le contestaba que un día regresaría y que me quedaría de forma definitiva, pero que antes quería terminar mis estudios. Mi familia estaba al corriente de todo lo que hacía en España y de cómo había ido consiguiendo mis objetivos, y no paraban de decirme lo orgullosos que estaban de mí.

Durante aquellos dieciséis días en Camerún disfruté como nunca con mi familia. Pero el 8 de enero salía el vuelo de vuelta a España. La visita fue demasiado corta. Para mí, y sobre todo para mi madre, que durante los dos últimos días no paró de llorar.

—Pero si ahora ya puedo ir y volver sin problema —le repetía para tranquilizarla.

Cuando se dieron cuenta de que no había vuelta atrás, mis padres fueron a comprar lo que querían que me llevara a España, sobre todo de comida, para que no me «faltara de nada».

Luego, llegada la hora, me dieron todas las bendiciones y me acompañaron al aeropuerto entre lágrimas. Lloré tanto como ellos. Fue una despedida durísima. Pero les prometí volver pronto y quedarme más tiempo.

Los mejores para el mundo,
no los mejores del mundo

En marzo de 2017, la ONG Entreculturas me invitó a dar una charla a un grupo de jóvenes, todos estudiantes en la Universidad Loyola Andalucía. Aquel día fue mi primer contacto con la institución. Estuvimos un buen rato debatiendo. Después de la charla sentí curiosidad por saber qué estudiaban, y la mayoría me dijo que Relaciones Internacionales. A mí aún me tiraba el Periodismo, aunque ya me interesaba más Ciencias Políticas, pero empecé a indagar sobre el contenido de esa carrera que cursaba gente tan inquieta. Cuantos más datos recababa del programa, más me atraía. Un día en casa, comparando los planes de estudio de la carrera, María José llegó y lo hablé con ella. Nos pusimos a mirar juntos y vimos que ese grado, en la pública, solo se ofertaba en Madrid, y no me podía permitir trasladarme a vivir allí. A pesar de solicitar la beca del ministerio cada año, siempre se me ha denegado con el argumento de que carezco de unidad familiar en España. Por más que viva con una familia aquí, jurídicamente no entro en el cómputo de esa unidad familiar. Me piden siempre que acredite que estoy de alquiler, que aporte un contrato de arrendamiento, además de otro de trabajo. Pero ni siquiera cuando he sido empleado contratado eso ha bastado para que me becaran. Total, que la enorme satisfacción que fue para mí aprobar la selectividad, se vio algo empañada por el agobio de no saber qué carrera, después de tanta lucha, podría hacer.

—No descartes la Universidad Loyola porque sea privada. Vamos a informarnos —dijo María José.

Me negué en redondo. No quería ilusionarme, sufrir otro desengaño y acabar frustrado, como tantas veces. El coste de la matrícula era para mí inalcanzable. Pero al día siguiente María José, nada más salir de su sesión de quimioterapia en el hospital provincial, se fue a la sede de la Loyola, que está a pocas manzanas. Cuando volvió, venía cargada de carpetas y folletos.

—Traigo toda la información de la Loyola —me dijo, sofocada por el calor y los efectos del tratamiento—. Ven que la miremos.

—Eh, mira —apunté con mi dedo un párrafo.

—¿Ves? Dan algunas becas que reducen el coste de matrícula.

—Sí, tenías razón. Pero aun así…

—Vayamos paso a paso —dijo, y esta vez le hice caso.

La solicitud de beca empezaba con una carta explicativa de mi situación, que redacté con el mayor esmero y pasión, y la enviamos. Mientras la universidad estudiaba mi caso, me fui a Ceuta, como cada verano, para ayudar a organizar actividades estivales de la asociación Elín. Allí recibimos a las personas que vienen a formarse, a conocer de primera mano la realidad de las migraciones y también a compartir diferentes momentos del día a día de las personas migrantes. Pero a las dos semanas me tuve que volver de forma precipitada porque me convocaron en la sede de Loyola para una entrevista personal.

En aquella reunión, a la que fui con María José, nos dijeron que considerarían hacernos un descuento del 30 por ciento sobre el precio total de la matrícula. Lamentablemente, el coste anual que quedaba por pagar seguía siendo demasiado alto. No lo podríamos costear, y así se lo trasladamos a la universidad.

Recuerdo que, de regreso a casa, íbamos María José y yo haciendo cábalas, incluso discutiendo sobre la última convocatoria de becas del ministerio. Quise echarla y ella me lo desaconsejó para evitarme la enésima frustración. Pero me veía en un callejón sin salida. A mitad de camino, le sonó el teléfono. Llamaban de la Loyola. Después de haberme entrevistado accedían a descontarnos hasta el 70 por ciento de la matrícula. Cuando colgó, nos miramos incrédulos. Nos abrazamos, con las lágrimas en los ojos, conscientes de haber conseguido un paso muy importante que podía cambiarme la vida, algo con lo que no me habría atrevido a soñar de no ser por el empeño de María José.

Siempre había oído decir que las universidades privadas eran nichos de estudiantes elitistas. Esa creencia condicionó mis primeros días en la universidad porque no sabía cómo enfrentarme a ello. Además, el hecho de saber que la Universidad Loyola era católica, de la Compañía de Jesús, me generaba el miedo de ser discriminado por mi confesión musulmana. Lo cierto es que, desde pequeño, el primer colegio al que me llevaron mis padres había sido católico, y la mayor parte de mi educación académica en Camerún fue en colegios e institutos privados, algo que puede resultar contradictorio, pues soy una persona que siempre ha defendido lo público como una garantía de la igualdad de oportunidades para todo el mundo. El temor que me había generado desapareció poco a poco después de mi primer contacto con los docentes y los estudiantes. El campus de Córdoba no es muy grande, y eso me facilitó entablar relaciones cercanas y personales con aquellos con quienes fui descubriendo afinidad e inquietudes compartidas.

Humanismo y Ética básica era la asignatura que teníamos en común todos los alumnos del campus. Me parece interesante señalarlo porque, dada la diversidad de los estudiantes, por clase social o procedencia, funciona como fragua de valores comunes.

Ese primer semestre pasó muy rápido. No me dio tiempo a adaptarme al campus de Córdoba y ya estaba recibiendo la propuesta de mi amigo Juanma Palma de ser responsable de la gestión de un hogar de acogida para inmigrantes en Dos Hermanas (Sevilla). Eso formaba parte de un proyecto, Espacio Berakah, que conecta espiritualidad y acogida en el sentido más amplio de la palabra, teniendo en cuenta todas las dimensiones de las necesidades de las personas hospedadas. Me pareció un proyecto, aunque aún embrionario, ambicioso, y decidí lanzarme porque me hacía ilusión participar con aquellos que querían proponer otra forma de ver al ser humano que migra, sobre todo después de haber pasado por varios procesos de acogida que, desde mi punto de vista, tenían amplio margen de mejora en lo relativo a los cuidados. Tomar esa decisión suponía mudarme a Sevilla. Por suerte, mi universidad también tenía un campus allí. Así que solo tuve que solicitar un traslado de expediente que se me concedió a mitad del curso.

Los primeros meses fueron muy exigentes, entre mis tareas en la universidad y la gestión del Hogar Jana. Finalmente empezamos a acoger a los primeros huéspedes, y cada vez se me acumulaban más tareas, entre las reuniones, la acogida, la intendencia y mis clases y trabajos de la universidad. No pude disfrutar de ella como mis compañeros, ni tampoco de las salidas nocturnas propias de los universitarios porque tenía una gran responsabilidad en el trabajo desde la mañana hasta la hora de ir a dormir. Aunque cuando iba a clase o tenía algún impedimento insoslayable contaba siempre con el respaldo del equipo de acogida.

No perdía nunca de vista que mi prioridad eran mis estudios, sobre todo teniendo en cuenta el esfuerzo que supuso conseguir la beca para ingresar en la universidad. Mi primer objetivo era mantener la beca, cumpliendo con mi parte del trato. Aunque ese primer curso conseguí muy buenos resultados académicos, de cara al segundo vimos que era imposible pagar el cuarenta por ciento de matrícula que la beca no cubría. Así que, como ya sabía cómo moverme en la universidad, empecé a buscar una solución «interna». Me orientaron hacia el adjunto al rector, Paco Pérez Fresquet. Cuando fui a hablar con él, me preguntó por mis propósitos y a qué dedicaba mi tiempo fuera de la universidad. Después de explicárselo todo y exponerle mi temor a tener que abandonar por la falta de medios, me dijo algo que se ha convertido en mi faro:

—Sani, no te pongas nunca límites. Cuando tengas una meta, ve a por ella y pon todo de tu parte hasta alcanzarla. Tú dedícate a estudiar y no te preocupes por nada, que yo moveré lo que sea y te daré una respuesta.

Me habló tan sereno y tan firme que me dejó pasmado. Apenas podía creer lo que acababa de oír. Pero él insistió en que retuviera una idea, que me repitió dos veces y que explicaba el motivo de un respaldo mucho más decidido que el que yo andaba buscando:

—Nuestro lema es «Formar, no a los mejores del mundo, sino a los mejores para el mundo». Es sencillo, pero cargado de significado. Y de valores. La vocación de servicio para nosotros es clave. En ti está en todo lo que haces. Así que adelante.

Total que al final la universidad decidió becarme al cien por cien mediante un acuerdo condicionado a mi rendimiento académico y a mi situación económica. Mi formación universitaria hubiera sido imposible sin esa generosidad de la Universidad Loyola.

Ese año en que cursé segundo de carrera recibí una propuesta sorprendente: ser cabeza de lista por Córdoba de Podemos en las elecciones al Congreso de los Diputados. La oferta me llegó por contacto directo con algunos de sus máximos responsables nacionales, y yo aún la estaba considerando cuando, días después de salir en un *Salvados* de Jordi Évole dando mi opinión crítica sobre VOX, *Okdiario* publicó una noticia dando por hecho que yo había aceptado, es decir, que sería el candidato al Parlamento por Córdoba del partido morado. Todo ocurrió porque los periodistas dieron con mi nombre en la página oficial de Podemos donde la lista provisional, aún no cerrada, se acabó filtrando. Lo cierto es que los días siguientes a la publicación de la noticia fueron un infierno para mí y para mi entorno. Estaba en pleno periodo de exámenes, y los medios no paraban de retroalimentarse con titulares bochornosos y denigrantes hacia mi persona. Casi ninguno me citaba por mi nombre. Se limitaban a designarme como «el inmigrante camerunés» o «el inmigrante anti-VOX». Mi móvil no paraba de sonar porque casi todos los medios nacionales querían entrevistarme. El nivel de acoso era impresionante. Algunos venían a la puerta de la universidad para esperarme a la salida, obligándome a salir encapuchado para evitarlos. No me podía concentrar en la preparación de mis exámenes. Afortunadamente recibí mucho apoyo por parte de mi familia, de mis profesores y también de la dirección nacional de Podemos. Al final de todo ese revuelo concedí una sola entrevista a José María, un amigo periodista de SER Córdoba para explicar cómo había sido todo el proceso y cuál era mi relación con Podemos.

La conexión con ellos surgió con toda naturalidad por las muchas veces que he coincidido con algunas de sus dirigentes en actos en defensa de los derechos de los migrantes en la frontera sur. No he sido militante de Podemos, no tengo carné de afiliado. Sin embargo, por motivos diversos, consideraron conveniente proponerme ir en sus listas como miembro de la sociedad civil.

Al final, tanto por impedimentos de la barrera burocrática y administrativa que ciñen las vidas de los migrantes como por mi decisión de centrarme en acabar la carrera, no tomé esa vía política que se me abrió en 2018.

¡Cuántos contrastes en el Líbano!

Oír hablar de Oriente Próximo nos trae a la mente la imagen de bombas cayendo, edificios que se derrumban, conflictos, inseguridad y mujeres tapadas con burkas. Todo eso es culpa del gran desconocimiento que tenemos sobre esa región del mundo y por la imagen distorsionada que recibimos casi a diario de algunos medios de comunicación.

En mi tercer año en la universidad salieron plazas de intercambio con el Líbano y, nada más enterarme, me apunté, interesado. Finalmente conseguí la beca junto a dos buenos amigos y compañeros, Marina y Jaime. Pero, una vez más, necesité un apoyo especial de la universidad para resolver los escollos burocráticos asociados a mi origen camerunés. Al llamar para informarnos de los requisitos para obtener el visado, la embajada nos contestó: «Los españoles no tendrán ningún problema, de hecho, no hace falta ni que lo tramiten aquí, en Madrid. Pueden conseguirlo en el aeropuerto de Beirut cuando aterricen en el Líbano. Pero, en su caso, tendrá que mandar aquí su solicitud por correo postal y esperar unas semanas a que la estudiemos, antes de recibir nuestra respuesta».

En realidad no me sorprendió. Mi situación administrativa siempre ha sido uno de los mayores quebraderos de cabeza cada vez que me he visto en la tesitura de hacer algún desplazamiento con mis compañeros o alguna práctica fuera de España.

La decisión tardó cerca de tres semanas, pero al final fue positiva: podía viajar.

Solo una vez que estuve seguro di la noticia a mi familia, a quien le costó encajarla. Ellos consideraban «una locura» que fuera al Líbano porque, según repetían, «no es un lugar seguro». Recuerdo la reacción de mi madre cuando la llamé con toda mi ilusión:

—¿Por qué te gusta meterte en problemas? ¿Por qué no haces las cosas como todo el mundo? ¿Qué se te ha perdido allí? —me lanzó.

Yo intente explicarle los motivos por los que había elegido ese destino y lo que me podía aportar tanto a nivel personal como profesional. Además le dije que todas las imágenes que nos llegan sobre esa parte del mundo están distorsionadas. Incluso le puse el ejemplo de cómo se ve el continente africano desde Occidente. A pesar de todo, ella siguió intentando disuadirme hasta la víspera del viaje.

Estaba en Madrid, donde tenía que hacer noche antes de coger el avión. Mi familia cordobesa me había acompañado y estábamos cenando cuando, de repente, me saltó una notificación de una aplicación de la BBC: «Hezbolá denuncia un ataque israelí con drones al sur de Beirut».

Reconozco que la noticia, en vez de preocuparme, me estimuló aún más. No veía el momento de verme en Beirut e indagar qué pasaba. Eso sí, me preocupó que los padres de mi compañera Marina, a última hora y debido a ese incidente, le impidieran venir. Cuando hablé con ella, me sorprendió notarla muy tranquila. Media hora después recibí un mensaje de mi madre donde me preguntaba si había visto las noticias. En esa conversación me dijo si no me daba cuenta de que iba a meterme en un país enclavado entre una Siria en plena guerra, e Israel, en eterno conflicto. Aunque no me esperaba que intentara hasta el último minuto quitarme las ganas, me alegró comprobar que ella, a diferencia de tantos con los que hablaba sin la menor referencia, tenía muy clara la situación geográfica y política del país.

—Bueno —respondió al ver que me iría en cualquier caso—, pues ten cuidado y no nos dejes sin noticias. Avisa cuando llegues. Buen viaje, hijo.

Donde ellos veían peligro, yo veía oportunidades de aprendizaje, de investigación, de contactos con otra realidad y, sobre todo, de deconstrucción. Siendo africano, habiendo conocido Europa y estudiando Relaciones Internacionales, el Líbano me parecía un lugar inmejorable para adquirir perspectiva sobre Oriente Próximo y construir mi propia visión. Era la ocasión perfecta para investigar y conocer más acerca de las actividades de Hezbolá[44] y su relación con Irán, de las relaciones entre el Líbano y sus vecinas Siria o Israel. También de la situación de la política interna del país, que es muy particular, sin olvidar su diversa población, con su compleja convivencia, y la situación de los refugiados palestinos y sirios en ese territorio de solo diez mil kilómetros cuadrados. En defi-

---

44. «Partido de Dios» es una organización islámica musulmana chií-libanesa que cuenta con un brazo político y otro paramilitar.

nitiva, estaba ante un tablero de ajedrez geoestratégico que le interesaría a cualquier amante de la geopolítica y las relaciones internacionales.

Tras cerca de cinco horas de vuelo de Madrid a Beirut, llegamos al aeropuerto Rafiq Hariri cansados y expectantes a la vez. Pasamos todos los controles de documentos, típicos de cualquier aeropuerto. En ningún momento tuve la sensación de estar en un lugar hostil, como veía en las noticias cada vez que se trataba de hablar de cualquier punto de Oriente Próximo. Y eso a pesar de que el aeropuerto estuviera cerca del cuartel general de Hezbolá, en zona de mayoría chií.

—¡Qué mal informados estamos y qué peligroso es el relato único! —dijo Marina en el taxi rumbo a Ashrafieh, nuestro barrio en Beirut.

Llegamos de noche y, para darnos la bienvenida, los compañeros de piso nos llevaron a Mar Mikhaël, zona de encuentro de los estudiantes internacionales con galerías de arte, pero sobre todo con bares, restaurantes y pubs a ambos lados de la calle.

Durante el paseo oíamos una mezcla de idiomas: árabe, armenio, inglés, francés, italiano... Era difícil creer que estuviéramos en un rincón de Oriente Próximo.

—Bienvenidos a Beirut —dijo sonriendo Alexis, nuestro compañero belga—. Os gustará, ya veréis. Yo vine como estudiante y volví al terminar la carrera. Ahora trabajo en un periódico local.

«¡Por lo menos no somos los únicos locos!», pensé.

Aquella noche nos recogimos pronto, agotados del vuelo y decididos a llegar repuestos a la charla de bienvenida que la universidad tenía programada para los estudiantes extranjeros de intercambio.

Llegó el día de descubrir el campus en la facultad de Letras y Ciencias Humanas. Justo enfrente había dos tanques con militares armados. No eran para custodiar nuestro campus, sino la embajada de Francia, que está justo al lado. Por lo que pude ver, los estudiantes estaban acostumbrados a convivir con esa omnipresencia militar. Allí la estructura de la universidad es espectacular. Beirut tiene las universidades más prestigiosas de la región, y entre ellas se encuentra la Universidad Saint Joseph, en la que estábamos. Cerca de trescientos estudiantes de diferentes horizontes estábamos reunidos en el auditorio grande de la facultad de Innovación y Deportes para la tradicional ceremonia de acogida. Para ir rompiendo el hielo, intercambiamos impresiones con estudiantes, sobre todo, francófonos.

De pronto sonó el himno del Líbano y todos los profesores libaneses empezaron a cantar con la mano en el pecho. La decana, Christine Babikian Assaf, tomó la palabra después, con un aire de solemnidad, y lo primero que nos dijo fue:

—Si os explican algo sobre este país y pensáis haberlo entendido, es que no os lo han explicado bien.

«¡Curiosa introducción!», me dije.

Otra cosa que podía llamar la atención desde el sesgo occidental es que la decana, en un país de Oriente Próximo, fuera mujer. Entre las profesoras, además, no todas llevaban velo. Desde el primer día nos encontramos ante el mosaico identitario del Líbano.

En la breve introducción que nos dio la decana sobre el país, señaló curiosidades sociopolíticas que yo había recabado en los meses previos al viaje, cuando lo estaba preparando. Cosas llamativas como que es el único estado del mundo árabe donde el día festivo es el domingo, con un presidente que —tal como viene recogido en la Constitución— debe ser, siempre, cristiano maronita, mientras que el primer ministro musulmán ha de ser suní, y el presidente del parlamento, musulmán chií. Estas características de un estado confesional quedan estipuladas tomando como referencia el censo de 1932, cuando los cristianos maronitas formaban la mayoría de la población libanesa.

Cuanto más contaba Christine Babikian Assaf acerca de ese territorio tan pequeño y estratégico, más abonaba mi curiosidad. Yo tomaba apuntes intentando no perder detalle:

> Todas las decisiones que se toman en el Líbano se hacen a sus espaldas, y todo lo que allí sucede es el resultado de su pasado: la mezcla de poblaciones, la fragilidad de las fronteras, la mentira política en su apogeo, la construcción del presente sobre la demolición del pasado.

Este fragmento de su discurso fue revelador. Además, estas características me sonaban, porque es lo que ocurre en multitud de países africanos.

Estaba claro que con esa charla no podía entender el funcionamiento de ese país tan singular, al menos desde mi perspectiva. De hecho, a pesar de haber tomado apuntes, salí sin haber comprendido nada de aquel encuentro, como confirmaba la afirmación inicial de la decana. Eso sí, me quedó muy claro que la ciudad de Beirut estaba dividida en tres zonas: verde, naranja y roja, según la peligrosidad. Me di cuenta de

que en el mapa que nos pusieron para explicar esas delimita-
ciones aparecía el logotipo de la embajada de Francia. Eso me
generó un poco de escepticismo, porque me gusta cuestionarlo todo.

A diferencia de Europa, donde los estudios académicos
son muy eurocéntricos, o más bien todo gira en torno a Occidente como centro del universo, en el Líbano, a pesar de tener varias materias relacionadas con Oriente Próximo y el Imperio otomano, había un equilibrio en los estudios regionales
de otras partes del mundo. Eso fue clave para mí, porque quería
descubrir cosas nuevas desde una perspectiva distinta. Géne-
sis de Oriente Próximo, el conflicto del agua en la región, las
guerras del Golfo, la presencia kurda en la región, mundo árabe, cultura y desarrollo…, tantas materias que me venían como
anillo al dedo. ¡Qué más podía pedir! Salí contento, con la
sensación de haber hecho una buena elección del lugar y de
las materias con el tutor encargado de los estudiantes internacionales.

De camino a casa, el taxista puso una canción que me
cautivó.

—¿Qué canción es esta? —le pregunté mientras admiraba, a través de la ventana del coche, el contraste de la ciudad
de Beirut y los efectos que la guerra civil de 1975 a 1990 había dejado en algunos edificios del centro.

—El título es *Li Beirut*, un homenaje que la cantante Fai-
ruz hizo a la ciudad —me contestó mientras insultaba a los
niños que estaban pidiendo en cada semáforo en el que nos
parábamos—. Ten cuidado con ellos, son refugiados que vienen a invadirnos desde Siria. Todavía estábamos lidiando con
los palestinos y ahora vienen estos también.

El discurso del taxista hablando de invasión me recordó a lo que escuchaba en Europa sobre los inmigrantes. Está claro que el odio hacia los inmigrantes cada vez tiene más auge a nivel mundial. Antes de ir al Líbano, ya estudié sus políticas migratorias y el trato del Estado hacia las personas refugiadas. El país acoge a cerca de dos millones de refugiados sirios, tres cientos mil armenios que llegaron después de la Segunda Guerra Mundial y casi cuatrocientos mil palestinos que llevan muchos años en ese país. El trato hacia esos refugiados es deshumanizante, el reglamento de extranjería expone a los refugiados sirios a explotaciones y abusos, y dificulta el acceso a la escuela de sus hijos, lo que muchas veces lleva a esos padres a mandar a sus niños a pedir en la calle mientras ellos trabajan en el sector de la construcción, y ellas, en el trabajo doméstico.[45]

Tras diez minutos escuchando los insultos xenófobos del taxista hacia los refugiados, llegué a mi destino y me vi obligado a pagarle diez mil libras libanesas por un trayecto que, normalmente costaba dos mil. Como respuesta a mi pregunta de por qué tenía que pagar un precio tan desorbitante, me dijo que era por no haber dicho la palabra «*service*» cuando lo paré. Otro truco que aprendí y que, desde entonces procuraba no olvidar para no caer de nuevo en esa trampa.

Cuando llegué a casa, había una mujer mayor limpiando los espacios comunes. Ya me habían dicho que venía los jueves y que era africana. Tenía ganas de conocerla y de hablar

45. HRW.org, «Liban: La règlementation du droit de séjour met les réfugiés syriens en danger», 2016, <https://www.hrw.org/fr/news/2016/01/12/liban-la-reglementation-du-droit-de-sejour-met-les-refugies-syriens-en-danger>.

con ella. Nos presentamos, y me dijo que era de Togo. Suzane, como se presentó, llevaba cerca de quince años en el Líbano y todavía no había regresado. Nada más llegar al aeropuerto, su «jefe» le quitó el pasaporte y aún no se lo había devuelto para que no pudiera abandonar el país. Me senté en la cocina con ella para saber más acerca de esa práctica que, por lo visto, era común en varios países de Oriente Próximo y de la península arábiga: el sistema Kefala. Me dijo que, como ella, había muchas chicas africanas, sobre todo de Etiopía, que van engañadas con una falsa promesa de trabajo a través de empresas que se dedican a ello y que las entregan a sus «tutores o patrocinadores», que constituyen unas redes de explotación y esclavitud.

—¿Cómo puede existir eso y que nadie diga nada? —le pregunté, incrédulo.

—Hace un mes se tiró una chica desde el cuarto piso de un edificio para escapar de los golpes que le propinaba su jefe —me dijo.

Acto seguido me invitó a una manifestación que organizaban todos los domingos con otras organizaciones para reclamar sus derechos.[46] Después de esa conversación, que me impactó, tenía muy claro que sería un buen tema de investigación para ayudar a desmantelar ese sistema de esclavitud legalizado por varios gobiernos en los países de Oriente Próximo y de la península arábiga. Pensaba que el tema había sido muy poco tratado. Sin embargo, cuando puse la palabra «kefala» en el buscador de internet para comprobar qué salía,

---

46. Capo Chichi, Sandro, «Kafala, un esclavage moderne au Moyen-Orient», *Nofi*, 2020, <https://www.nofi.media/2020/04/kafala-un-esclavage-moderne-au-moyen-orient/70577>.

me encontré con muchos artículos al respecto, pero lo que
más me llamó la atención fue un anuncio en una página de
Facebook de compraventa en el que ponía, textualmente:
«Vendo trabajadora doméstica africana (Nigeria) con papeles
en regla. 30 años, activa y muy limpia».[47] Iba acompañado de
una foto del pasaporte de la chica en cuestión.

Ver ese anuncio fue chocante para mí. Me sentía impotente, pero a la vez con ganas de seguir investigando sobre el
tema. Me costó mucho entrevistar a las chicas porque temían
por las posibles represalias, ya que es una práctica reconoci-
da por el Gobierno, por lo que no podían poner denuncias
ante las autoridades. Era normal ver anuncios o catálogos en
barrios de Beirut como Hamra donde las agencias que se dedican a ese sector ponen precios a las chicas según su edad y
su procedencia. Las más baratas eran las africanas, y las más
caras las de Filipinas, seguidas por las de Bangladesh. Poco a
poco fui recabando información. Al final asistí a la manifestación, donde apenas había gente.

Además, la crisis económica que estaba atravesando el
país empeoró aún más la situación de esas mujeres en un lugar con tan alto índice de racismo. Las trabajadoras del hogar
tenían que ir por la calle en uniforme para diferenciarse de las
otras personas. Asimismo, cuando acompañaban a los hijos
de sus jefes a las piscinas públicas, debían permanecer en un
rincón reservado para ellas. En la playa los negros y la gente
del Sudeste Asiático solo se podían bañar después de que los

47. Abou Ez, Eléonore, «Au Liban, une Nigériane "mise en vente" sur
Facebook retrouve sa liberté», *Franceinfo: Afrique*, 2020, https://www.francet
vinfo.fr/monde/afrique/societe-africaine/au-liban-une-nigeriane-mise-en-
vente-sur-facebook-retrouve-sa-liberte_3941839.html>.

blancos salieran del agua. Más de una vez tuve que lidiar con actos de desprecio hacia mí, ya fuera al coger un taxi, en los supermercados o restaurantes e incluso en un espacio como la universidad, donde el conserje me paraba en la entrada para pedirme la tarjeta de estudiante delante de todos mis compañeros.

La sociedad libanesa, en su mayoría, tiene una relación compleja con el otro, incluso con los libaneses, cuyas actitudes siguen reflejando las secuelas de la guerra civil que padecieron y que acrecentó la excesiva presencia de la religión en los asuntos políticos, así como las pertenencias confesionales. En ese país, cuanto más falla el Estado, más fuerte es la relación de los libaneses con Dios. El signo religioso está en todas partes y pertenecer a una religión es casi obligatorio. Las diferencias deben ser claras entre cristianos y musulmanes, tanto en la distribución territorial como en los barrios de la capital libanesa. En las calles de Beirut es común ver anuncios de empresas que organizan bodas en Chipre o Turquía. Al principio, esos carteles me llamaban la atención, hasta que me explicaron que en el Líbano la ley no contempla las bodas civiles; solo están autorizados y registrados los matrimonios celebrados mediante los ritos de una de las dieciocho comunidades religiosas reconocidas. En el contexto de las parejas mixtas, uno de los dos futuros cónyuges debe, por tanto, renunciar a su religión. Por eso, muchas parejas contraen matrimonio en el extranjero, y después lo registran en el Estado civil libanés.

A pesar de todas esas particularidades que caracterizan al

país del cedro y las diferencias entre su población, algo histórico vino a unir, al menos por unos meses, a los libaneses bajo su bandera nacional: la revolución que empezó en octubre de 2019 y de la que fui testigo privilegiado.

Todo empezó por un impuesto sobre la aplicación telefónica de mensajería, WhatsApp, que el Gobierno quería imponer. Fue la gota que colmó el vaso y que empujó a los libaneses a salir a la calle para mostrar su indignación contra un gobierno profundamente corrupto. Las manifestaciones fueron creciendo con barricadas en las ciudades del país y en las principales carreteras. El país se paralizó y las universidades cerraron durante casi un mes. La plaza de los Mártires era el lugar de encuentro de los manifestantes, donde se veía a todos los libaneses unidos con la bandera nacional, roja y blanca, y con el dibujo del cedro, el símbolo nacional, justo en medio. Musulmanes, cristianos, hombres, mujeres y niños cantaban día y noche el himno del Líbano y consignas en contra de la clase política, pero, sobre todo, en contra del sectarismo que dividió al país y que sembraba el odio entre los libaneses.

Los estudiantes internacionales íbamos a acompañar a los libaneses en su protesta. La Universidad Saint Joseph montó incluso una carpa donde organizaban conferencias y debates. Como nos explicó un profesor de Geopolítica, el impuesto al WhatsApp había sido el detonante, pero la revolución llevaba fraguándose treinta años. De la verdad de esa afirmación daban cuenta las múltiples reivindicaciones que figuraban en la marea de pancartas.

En uno de los coloquios, una profesora de Sociología política comentaba que, después de la guerra civil, que fue extremadamente violenta, el Estado se mostró incapaz de brindar a sus ciudadanos servicios básicos como agua, electricidad, empleo, educación, salud, espacios públicos, derechos LGBTQ+ y derechos de las mujeres. Cada vez crecía más la desigualdad en el país. Todos coincidían en que estábamos en un momento histórico que podía dar otro rumbo al país. Pedían la dimisión de todo el Ejecutivo, la convocatoria de nuevas elecciones y un Gobierno de tecnócratas alejado del sectarismo y sin la influencia de las comunidades religiosas.

Queda clara la complejidad que representa ese antiguo rincón del Imperio otomano. No podía haber elegido mejor sitio para acercarme a los estudios de Oriente Próximo. Mi experiencia en el Líbano fue sin duda de las mejores que he tenido, tanto que se me pasó volando. Suelo decir que las mejores fiestas las he vivido en ese país, que tiene una oferta de ocio impresionante. Las experiencias las determina la gente con quien las compartimos. En mi caso fortalecí la relación con mis compañeros, Jaime y Marina, más en el Líbano que en España, por el tiempo que pasamos juntos y porque en España apenas podía salir con mis pares al compaginar trabajo y estudio.

De vuelta en Córdoba, añoramos mucho esa etapa libanesa y beirutí, nuestras salidas nocturnas y los encuentros con otros estudiantes internacionales. Aquella red de contactos se reactivó en agosto de 2020, aunque esa vez por un motivo trágico: la brutal explosión en el puerto beirutí que arrasó gran parte de la ciudad, causando una masacre en aquellas calles que recorríamos para salir de fiesta, ir a la universidad o acercarnos al supermercado.

Consulado General de España en Estrasburgo

Quién me hubiera dicho a mí durante aquella conversación con el director del centro de acogida de Las Norias en la que él intentó disuadirme de retomar mis estudios porque «trabajar en los invernaderos era mejor para mí», que siete años después estaría mirando ofertas de prácticas en los servicios del Ministerio de Asuntos Exteriores, Unión Europea y Cooperación del Gobierno de España. El camino ha sido largo, repleto de obstáculos y exigente. Pero así es la realidad de la mayoría de los inmigrantes del sur global y de los hijos de estos.

Durante mis últimos días en Beirut se me presentó la oportunidad de hacer prácticas en dependencias diplomáticas de España en el exterior del país, a través de una convocatoria del ministerio. Había ciento noventa y dos ofertas, y casi todas exigían, como primer requisito, tener nacionalidad española. En mi caso, al no disponer de ella, las fui descartando una tras otra, hasta quedarme con las únicas tres que me permitían realizar la solicitud. Una era para el Consulado General de España en Estrasburgo, donde, tras el proceso de selección, me escogieron.

Pensaba que lo más difícil había pasado, pero pronto comprendí que no, porque uno de los requisitos que me pedían para establecerme en Estrasburgo durante las prácticas era tener la tarjeta sanitaria europea. Para conseguirla me tenía que enfrentar a un nuevo obstáculo administrativo. Tras realizar la solicitud en la página del Ministerio de Inclusión, Seguridad Social y Migraciones, recibí un correo que me notificaba que, al tener nacionalidad no comunitaria, no podían tramitar mi solicitud desde ese portal, así que tenía que pedir cita y acudir a la oficina para que se estudiara mi caso y ver si me la concedían.

Fui a aquella cita esperanzado por salir de ella con mi tarjeta. Sin embargo, una vez en la oficina, me dijeron que no me la podían conceder, a pesar de tener un permiso de residencia y una tarjeta sanitaria en España, «dada mi situación de estudiante en desempleo».

—Soy estudiante. Solicito la tarjeta para realizar unas prácticas en Francia —argumenté.

—Las normas son estas. No nos compete cambiarlas ni hacer excepciones —me respondió.

Me fui atónito de allí. Me costaba creer que, aun yendo a hacer prácticas (no remuneradas) a una administración española, tuviera que enfrentarme a tan absurdos impedimentos burocráticos. Además, mis compañeros españoles sí que habían conseguido la tarjeta a través de la página web, y sin estar ellos trabajando.

«Será porque son españoles —rumiaba de camino a casa—. Pero lo conseguiré».

Empecé a buscar información por internet y encontré varios artículos, la mayoría de 2015, en que la Unión Europea pedía explicaciones a España por denegar la tarjeta sanitaria a determinadas categorías de personas y expedir en su lugar un certificado sustitutorio válido por noventa días, por considerar que esta práctica podría vulnerar las reglas de la UE. El caso fue llevado al Parlamento europeo por los eurodiputados de Izquierda Unida Marina Albiol y Javier Couso, quienes interpelaron a la comisaria de Empleo y Servicios Sociales, Mariane Thyssen,[48] en relación con esa discriminación sistemática ejercida por el Gobierno español. Además apuntaban que ese certificado sustitutorio venía redactado en castellano, con lo que acababa siendo rechazado en otros países europeos. Me sorprendió ver que, desde 2015, y pese a esa gestión parlamentaria, el trámite no había cambiado. Para no perder las prácticas, decidí solicitar ese certificado sustitutorio y, como durante mi primera cita en la Seguridad Social me denegaron la tarjeta, temía pasar por lo mismo. Pero en esta segunda oportunidad, tras exponer a los funcionarios lo que había leído en estos artículos de prensa, providencialmente conseguí el certificado.

Por fin con todo en regla, puse rumbo a Estrasburgo solo un mes después de regresar del Líbano. Iba muy ilusionado por el gran vínculo de mi destino con lo que estaba estudiando. Llegaba a una de las capitales comunitarias con varias instituciones europeas y representaciones permanentes de los diferentes estados ante los organismos internacionales. Tras haber estudiado el funcionamiento teórico de esas instituciones, deseaba conocer su mecánica práctica y ver también el desempeño de los funcionarios y diplomáticos.

48. Europa Press, «Bruselas pide explicaciones a España por denegar tarjeta sanitaria europea a trabajadores temporales», 23 de marzo de 2015, <https://www.europapress.es/epsocial/derechos-humanos/noticia-bruselas-pide-explicaciones-espana-denegar-tarjeta-sanitaria-europea-trabajadores-temporales-20150323185749.html>.

De entrada, sabía que son espacios donde todo va muy rápido y la gente apenas tiene tiempo. Por ello me hice tarjetas de visita para dárselas a los contactos que surgiesen y recibir a cambio tantas como fuera posible. Estaba claro que, además de aprender, quería aprovechar la oportunidad para tejer redes y darme a conocer.

Durante mis primeros días tuve un buen recibimiento por parte del personal del consulado, un equipo joven y dinámico. A pesar de haber llegado en un momento de mucha carga de trabajo, se volcaron en ayudarme para que me integrara en las primeras dos semanas.

Había oído que los becarios, por lo general, se limitan a hacer fotocopias o a llevar cafés, dependiendo del lugar de las prácticas, y me preocupaba que mis tareas quedaran reducidas a eso. Así que, cuando a mi llegada me dijeron que estaban desbordados, sobre todo en el departamento de Registro Civil al que me habían destinado, me alegré muchísimo.

Con el paso del tiempo, además de seguir muy vinculado a esa sección, pasé por otras, como la de Nacionalidades, Pasaportes y Otros registros consulares.

Entonces se convocaron las elecciones autonómicas vascas y gallegas. Los compañeros me habían dicho que presenciar el proceso electoral en el consulado era inédito, y lo pude comprobar colaborando en el cumplimiento de esos trámites, apoyando a los españoles de esas dos comunidades que residían en nuestra demarcación consular.

Lo apuntaba todo en mi cuaderno, un método que me permitía revisar lo aprendido cada día tranquilamente en casa, y recapitular las dudas que a partir de ahí me surgían antes de tener a la mañana siguiente la oportunidad de formular mis preguntas para aclararlas. Me llamaba la atención la diferencia que existe entre el registro civil español y el de otros estados, por ejemplo, a la hora de inscribir un nacimiento fruto de una unión mixta, en cuanto a los apellidos de los progenitores o la utilización de los nombres compuestos. Sin embargo, los acuerdos internacionales y bilaterales ofrecían siempre herramientas para solventar esas diferencias. La naturaleza cosmopolita de la ciudad se reflejaba en algunos casos complejos que tramitábamos en el consulado. Me refiero a la situación de los inmigrantes españoles, personas mayores sobre todo, que se establecieron en Francia décadas atrás, pero que siguen manteniendo el contacto con su país a través del consulado, o al caso de los inmigrantes que estuvieron trabajando o pasaron por España durante su proceso migratorio y que tuvieron que marcharse con la llegada de la crisis económica de 2008 o por falta de oportunidades laborales.

Ir por la calle en Estrasburgo, símbolo de la integración y cohesión europea, es como estar en Babel. La ciudad alemana de Kehl queda a cuatro paradas de tranvía del centro de Estrasburgo, y es un destino ideal para estudiantes y todo interesado en ahorrar en las compras.

Aproveché que se celebraban los setenta años del Convenio Europeo de Derechos Humanos en la Maison de l'Europe para asistir a un maratón de conferencias con la presencia de europarlamentarios o la secretaria general del Consejo de Europa, Marija Pejčinović Burić, a la que pregunté sobre las medidas que tomarían desde el Consejo respecto a las múltiples vulneraciones de derechos de los refugiados a través de los acuerdos entre la Unión Europea y Turquía, teniendo en cuenta que ambas partes son miembros de esa organización internacional. Su respuesta se limitó a decir que se trataba de «un tema sensible» y que estaban «trabajando en el asunto».

Llevaba un mes en Estrasburgo, con mi rutina ya bien establecida, conociendo a mucha gente y espacios interesantes, hasta que, en un discurso televisivo, el presidente francés, Emmanuel Macron, anunció el confinamiento de Francia y las restricciones para hacer frente al virus de la COVID-19. En el consulado seguimos trabajando, aunque sin abrir al público. Solo atendíamos a través de llamadas telefónicas. Estar allí en ese momento de crisis fue enriquecedor desde un punto de vista profesional, aunque a nivel personal era duro confinarme en cuanto salía del consulado, pues estaba solo en mi apartamento. Tuvimos varias reuniones del personal del consulado con el propio cónsul al frente para poner en práctica las directrices que nos llegaban tanto de España como de Francia. Nos correspondía la responsabilidad de proveer de información actualizada tanto a viajeros que iban a España como a españoles residentes en nuestra demarcación consular. Estábamos ante una situación de incertidumbre a nivel mundial y, curiosamente, todos los que nos llamaban se mostraban más exigentes.

En medio de la pandemia, con la satisfacción de haber cumplido con el objetivo de mis prácticas, regresé a España en el único vuelo comercial de toda la semana que salía de Francia. Llevaba conmigo una autorización del consulado, y durante el trayecto vi cómo se denegaba viajar a mucha gente que carecía de justificante.

Por una vez experimentaba el privilegio en la libertad para viajar.

Europa inaccesible: visado denegado

Poco duró mi sensación de privilegio cuando tuve que viajar durante el primer toque de queda declarado en marzo de 2020 por Francia, donde me encontraba, y España, a donde tenía que regresar. En aquel momento nadie podía hacerlo sin una autorización. Además, solo había un vuelo semanal entre ambos países. El consulado de España, donde realizaba las prácticas, me concedió una autorización especial para regresar al país en un momento excepcional.

Ese privilegio se echó atrás porque enseguida volví a mi situación habitual: la de un inmigrante en España, una realidad que me sigue acompañando en el día a día.

A pesar de todo fui muy ingenuo cuando, tras recibir un correo de la universidad en el que se nos notificaba que teníamos que rellenar un documento con los nombres de los familiares que nos acompañarían el día de nuestra graduación, pensé que conseguiría que mis padres pudieran venir desde Camerún para estar conmigo y compartir esa celebración de logros y alegría. «No creo que les denieguen el visado», pensé, inmerso en mi sueño.

¿Cuántas veces hemos oído decir: «¿Por qué no vienen

legalmente, como cuando vamos nosotros a otros países?». Es una pregunta hecha por gente que goza del privilegio de moverse por el mundo sin ninguna restricción, solo por el pasaporte, ya sean grupos antiinmigración o personas que no entienden que haya una gran parte de la población mundial a la que se le niega el derecho a la movilidad.

Todo el mundo, o mejor dicho cualquier inmigrante o sus familiares, conoce a un ser querido que en algún momento se ha enfrentado a la dificultad de traer a un familiar o amigo a Europa y se ha perdido en el universo kafkiano de la solicitud de visados para el viejo continente.

Mi relación con los visados empezó a los ocho años, a través de mi hermano Bachir. Acababa de terminar su licenciatura en Periodismo y quería ir a estudiar en Alemania, donde reside mi hermana desde la década de los noventa. Después de dos largos años en los que tuvo que llevar documentos tras documentos a la embajada de Alemania en Camerún, y tras gastarse cerca de quince mil euros entre el pago de la universidad en Alemania, los seguros y las tasas, acabaron notificándole que el visado se le había denegado. Una resolución fría, sin explicación, que le negó la posibilidad de recuperar nada de lo que se había gastado durante el proceso. Recuerdo a mi hermano regresar a casa con una sensación de derrota y de haber perdido dos años de su vida esperando algo que nunca llegó. Mis padres le tuvieron que acompañar durante mucho tiempo a nivel emocional y psicológico para superar ese episodio. Recuerdo verle llorar día tras día, sin poder salir de casa ni comer. No entendía nada. Solo sabía que a mi hermano le habían denegado el visado y que no podía viajar a Alemania.

Años más tarde, después de pasar ocho años en España,

decidí invitarle para que viniera a ver dónde vivo, la gente con la que me relaciono, para después regresar a Camerún juntos porque quería ir a pasar las vacaciones con mi familia en Duala. Mi hermano hoy es un periodista muy conocido no solo en Camerún, sino en África. Tiene un trabajo estable y su propia familia, motivos que me llevaron a pensar que le concederían el visado para una estancia de dos semanas en España antes de regresar juntos. La realidad volvió a demostrarme que el asunto de los visados no tiene lógica y que no debía empeñarme en encontrársela. Tras meses constituyendo el dosier de la solicitud, esa vez fue España la que le denegó el visado, de nuevo sin motivo y sin posibilidad de recurrir la decisión. «A la tercera irá la vencida», dije.

Con mis padres comparto cualquier logro que consigo desde que retomé el contacto con ellos. Hablábamos con frecuencia por teléfono, y, de hecho, en cada cambio de etapa en mi trayectoria, realizaba un viaje a Camerún para coger las bendiciones de mi familia. Lo hice antes de irme al Líbano y de mi viaje a Estrasburgo. Soñaba con estar con mis padres, igual que el resto de mis compañeros de la universidad, el día de mi graduación. Puse todo lo que pude de mi parte para que así fuera, pero se me olvidó que el derecho a la movilidad es una falacia inventada por Occidente y que está reservado para sus ciudadanos. De nada sirve corear todos los días que todos los seres humanos nacemos libres e iguales en derecho y dignidad (artículo 1 de la Declaración Universal de los Derechos Humanos, DUDH) o enarbolar pancartas con frases como: «Toda persona tiene derecho a circular libremente y a elegir su residencia en el territorio de un Estado» (artículo 13 DUDH). Es demasiado bonito para ser real.

Como soy un eterno optimista, a pesar de todo, volví a iniciar un proceso de solicitud de visado para mis padres, pero se lo denegaron. Fue una tremenda decepción, un enorme sentimiento de derrota y una humillación. Me lo esperaba, pero reconozco que me ilusionaba la idea de compartir ese momento con ellos. Por suerte tenía a mi otra familia, la que está aquí en España, la de Córdoba. La familia que la vida y el destino me regaló. Inés y María José volvieron una vez más a secarme las lágrimas. Fui al acto de graduación acompañado de esas dos mujeres, esas dos madres mías que no paraban de expresarme lo orgullosas que estaban de todo lo que había(mos) conseguido a lo largo de ese tiempo y lo que quedaba por llegar.

Fui afortunado, porque las tenía a ellas, pero no me quiero imaginar la cantidad de personas inmigrantes, incluso españoles familiares de migrantes, que no pueden compartir momentos de alegría con sus seres queridos por las políticas migratorias y sus absurdas restricciones.

Los visados se han convertido en una herramienta del poder blando[49] de los Estados para impedir la llegada de los migrantes del sur hacia el norte global. Es un laberinto que hay que saber atravesar para conseguir el famoso Sésamo. Las condiciones cada vez más draconianas establecidas a lo largo del tiempo han creado un clima que deja claro a los nacionales de los países del sur que el principio de la libre circulación de personas, una vez enarbolado como estandarte por los

49. Expresión usada en relaciones internacionales para describir la capacidad de un actor político, como por ejemplo un Estado, para incidir en las acciones o intereses de otros actores valiéndose de medios culturales e ideológicos, con el complemento de medios diplomáticos.

occidentales contra el bloque soviético, no les es aplicable en los mismos términos.

El filósofo camerunés Achille Mbembe decía que, en la relación entre el sur y el norte global, el sur, en este caso África, se suele dejar engañar por las palabras, y siempre olvida que, si bien todos los países son iguales, hay algunos más iguales que otros, y que en todas las relaciones en las que una de las partes no es lo suficientemente libre, la violación, muchas veces, empieza por el lenguaje.

Los políticos nos quieren hacer adoptar su lenguaje en relación con la inmigración: hablan de la «inmigración ordenada», y dicen que se trata de una «oportunidad» para los africanos, un acuerdo «negociado entre los países de origen y los países de destino», como dijo Sarkozy en mayo de 2007 en Bamako. Suena hasta bonito, dicho de esta manera. Pero la gran pregunta es: ¿negociado y ordenado por quién? Es un concepto unidireccional, ya que la inmigración solo se quiere «ordenar» cuando viene de África hacia Europa. Para quienes van de Europa a África, la inmigración no es selectiva ni discriminatoria, ni siquiera costosa, ya que, a diferencia de los africanos, la mayoría de los europeos que quieren venir a África no necesitan visado ni justificar sus medios de existencia allí. Sin embargo, la reciprocidad es uno de los principios fundamentales de las relaciones entre las naciones.

La solicitud de visado en los países del sur sigue siendo un método que vulnera los derechos fundamentales: la imposibilidad de acceder a los consulados por falta de canales de comunicación, la completa falta de objetividad a la hora de solicitar los documentos que hay que aportar, cuya inexistente lista sigue cambiando según el interlocutor, el dinero que hay que pagar y que no se devuelve si la solicitud es denegada, la sospecha de corrupción, los variables tiempos de procesamiento, las negativas orales sin explicación ni motivación, la información errónea sobre los medios de recursos cuando el solicitante tiene la oportunidad de obtener información, etcétera. Además, lo que parece más impactante es la opacidad de trámites y decisiones, el elevado coste del procedimiento para cualquier candidato, la externalización de ciertos servicios consulares a operadores privados que sustituyen a la Administración, el trato preferencial enarbolado al rango de argumentos diplomáticos, los controles reiterados e indignantes de los elementos aportados. Con respecto a este último punto, la embajada de España en Camerún, por ejemplo, hace pagar a los usuarios una tasa extra a un abogado o notario que colabora con la embajada para que este verifique la autenticidad de los documentos nacionales de Camerún que requieren una legalización de la embajada. Los visados se han convertido en un negocio rentable para los consulados y las embajadas europeas en África.

El coste de la solicitud de visado es muy elevado para los solicitantes, sobre todo porque va acompañado de gastos adicionales. Para los Estados europeos, en cambio, la actividad de visado es una fuente de ingresos.

Todos los obstáculos que acompañan a cada solicitud tienen consecuencias en el desarrollo de las redes de inmigración ilegal. Cuando se hace inaccesible la vía normal de acceso a Europa, cuando es imposible hablar con una administración para comprender las condiciones y los motivos de una decisión o una denegación, es inevitable que algunas personas se vean tentadas a recurrir a medios alternativos. Si la lucha contra las «redes de mafia» se ha convertido en el mantra de la Unión Europea y sus estados miembro, creo que es necesario una reflexión sobre las condiciones que favorecen el uso de estos canales y, por supuesto, como vemos aquí, la actitud de los consulados tiene una gran parte de responsabilidad en ello.

Nadie utilizaría las «redes de mafias» si hubiera canales legales y transparentes para formalizar su viaje. Nadie arriesgaría su vida cruzando el desierto o en una embarcación en el Mediterráneo si hubiera vías seguras y legales para migrar. El sentido de nuestros discursos no puede consistir en recriminar a los inmigrantes el hecho de hacer uso de un derecho que, por naturaleza, se considera inherente al ser humano. La Unión Europea, en este caso España, no puede llevar a cabo unas políticas migratorias represivas que dificulten la movilidad segura y financiar al mismo tiempo a las ONG a través de sus agencias de cooperación internacional para que lleven programas de sensibilización para jóvenes africanos y disuadirlos de no venir a Europa, pues el peligro es que acaban pensando que no tienen derecho a tener derecho.

El peligro es que esa juventud crea que no tiene derecho a soñar como cualquier otro joven de su edad en otras partes del mundo. El ejemplo que pongo siempre es que, si en una ciudad hay una calle que registra una tasa elevada de casos de violaciones, la solución no puede ser llevar a cabo campañas para sensibilizar a las niñas para que no transiten por esa calle, sino poner medidas para castigar a los violadores y que las mujeres puedan transitar de manera segura sin ponerse en peligro. Los inmigrantes son las víctimas de un sistema-mundo que ha fracasado y que está normalizando la muerte de miles de africanos en el Mediterráneo ante la pasividad de la sociedad en general. ¿Por qué apuntamos siempre hacia las víctimas, nunca a sus verdugos? Está más que claro que hay cuerpos que se consideran desechos o excedentes (los cuerpos no blancos, los negros en especial). Son cuerpos a los que se puede disparar pelotas de goma mientras nadan para ponerse a salvo en la frontera de El Tarajal, en Ceuta (2014), y son los mismos a los que se puede masacrar en la frontera de Melilla (2022), con la posterior felicitación del presidente del Gobierno español, Sánchez, a los verdugos de esos jóvenes africanos.

Hablamos de cuerpos a los que se ha despojado de dignidad y de alma, en palabras de Montesquieu: «Es imposible que Dios haya puesto un alma en un cuerpo negro. Es imposible que esa gente sea humana». Son palabras de uno de los autores más importantes de la Ilustración, una época considerada de luz y de progreso en Europa, aunque cabe decir también que es la época de la historia que más daño hizo a la igualdad entre seres humanos. Defendía el carácter universal de los derechos humanos, pero afirmaba al mismo tiempo que la civilización y el progreso solo pertenecen a una pequeña parte de la humanidad, pues el resto es salvaje o primitiva o infantil. La Ilustración estableció una jerarquía implícita y explícita en la que el negro ocupaba el escalón inferior. Se trata de una época cuyos autores son referentes intelectuales de prácticamente todos los decisores políticos europeos actuales que se han nutrido de sus filosofías y de sus fuentes del derecho o de su teoría del contrato social. Teniendo en cuenta esa realidad, no es sorprendente ver de manera explícita la doble vara de medir de Europa a la hora de dar refugio con mucha humanidad a las personas que vienen huyendo de la guerra de Ucrania, al mismo tiempo que se apalea hasta la muerte en Melilla a sudaneses que buscan refugiarse de la lacra de los conflictos. La Comisión Europea desempolvó una directiva de 2011 en menos de veinticuatro horas ante la conmoción de la sociedad europea que apostó por acoger a los que, en palabras de varios periodistas «se parecen a nosotros y tienen los ojos azules», mientras se organizaban manifestaciones en Sevilla para impedir la apertura de un centro para niños y niñas (no blancos) que han migrado y se encuentran solos. Cabe recordar que, cuando se creó la Convención de Ginebra de 1951 sobre el Estatus de los Refugiados, no estaba previsto para toda la humanidad, sino solo para dar protección a los europeos. Hubo que esperar dieciséis años, hasta que en 1967, con el Protocolo adicional, se quitó esa limitación geográfica.

Para evitar cualquier interpretación partidaria en relación con las migraciones y refugio, es importante que tengamos como marco el Derecho y los tratados internacionales para garantizar la no discriminación a la hora de proteger a las personas, y para no privar de derechos fundamentales a quienes, en muchas ocasiones, no les queda más que esto como seres humanos.

Ciudadano en construcción

No sé si existen los milagros, pero mi proceso migratorio ha estado plagado de momentos inexplicables. Quizá el más determinante sea el de aquella madrugada en que una ola me salvó de ahogarme y me impulsó a la orilla de la playa ceutí de El Tarajal. Sigo dando las gracias a Alá, a Dios, a la naturaleza y a la vida misma porque en aquel instante volví a nacer. En segundos pude haber pasado al otro mundo. Me aferré al último aliento. Quería seguir viviendo. Aún no había cumplido el objetivo por el que había salido de mi país.

Vine por hambre de conocimiento. El 19 de junio de 2021 fue una fecha clave para hacer balance: me gradué en Relaciones Internacionales. Al echar la vista atrás y ver el recorrido y mi etapa de formación reglada en España desde 2013, hay motivos objetivos para sentirme satisfecho. Tantas noches en vela y tantas lágrimas de frustración cobran al fin sentido, igual que el sacrificio de perderme vivencias familiares clave. No hay día que hable con mis padres que ellos no me digan lo orgullosos que están de mí. Es algo que me reconforta porque soy consciente del dolor que les causé al marcharme.

Aunque en esta etapa empiezo a cosechar los frutos de tanto esfuerzo, mío y de los míos, mi hambre de conocimiento no está saciada. He sido, desde que recuerdo —y continúo siéndolo—, un alumno en continuo aprendizaje, aprendiz de muchos maestros y maestras. Tengo la suerte de contar con algunos que están muy cerca y de disfrutar de una relación estrecha con ellos. Otros me influyen a través de sus obras. Pero todos nutren el ser que soy. En mi proceso de formación me topé con obstáculos y baches, con muchas trabas administrativas absurdas. Tuve que luchar contra viento y marea para no abandonar. Muchas veces me faltó orientación. A menudo he tenido la sensación de estar ante un sistema estructural que, desde la base, a los inmigrantes e hijos de inmigrantes nacidos aquí, en España, nos obliga a transitar por un itinerario preestablecido. Nos traza un camino, en vez de ofrecernos la brújula con la que cada cual pueda encontrar el suyo. Por eso siento que me hicieron perder mucho tiempo dando vueltas antes de descubrir qué quería realmente.

Ahora que he terminado la carrera tengo unas poderosas ganas de lanzarme al mundo profesional, pero sin perder de vista la actividad que en estos años en España he descubierto, que desempeño con solvencia y que me llena: concienciar. De forma paradójica, en España he leído y estudiado a muchos autores africanos a los que en Camerún no conocía. *Discurso sobre el colonialismo* de Aimé Césaire me impactó y, de algún modo, me desveló el mundo. En paralelo, aquella primera charla de sensibilización que di, gracias a Juanma Palma, en el colegio Sagrada Familia de El Puerto —como ya conté al referir su visita al CIE—, fue clave para descubrir el poder de hablar de la realidad migratoria y africana a quienes aquí, en Europa, la ignoran. Mis lecturas y mi proceso vital me hicieron entender que no podía apartar la vista de la realidad circundante. El hecho de estar atravesado por realidades que, por desgracia, condicionan mi futuro, como el ser negro y migrante en Europa, hicieron que, sin darme cuenta, practicara continuamente el activismo y la pedagogía con la gente que me rodeaba. Entendí el poder de la comunicación y la importancia de tener voz propia. Cuando leí esa cita de Albert Einstein que dice que «el mundo no será destruido por los que hacen el mal, sino por aquellos que los miran sin hacer nada», decidí contribuir como pudiera a la toma de conciencia. Así que empecé a participar en más actos divulgativos acerca del sufrimiento en las fronteras y las raíces que lo generan. Sentí la necesidad, como africano, de contribuir al conocimiento de un África distante solo a catorce kilómetros de esta orilla, pero que la ciudadanía española y europea siente tan lejana.

He seguido siempre, y sigo estando, vinculado a la asociación Elín, visitándolos cada vez que puedo para acompañar a los jóvenes que llegan a Ceuta como yo. Sin buscarlo, me convertí en referente para algunos. Vienen jóvenes talentosos, en ciertos casos con buen nivel de estudios, a los que en la asociación asesoramos sobre sus procesos administrativos y las opciones para que puedan seguir estudiando. Entre el miedo de no venderles falsas ilusiones y las ganas de desvelarles las trampas del sistema, empecé a «cazar talentos» y a orientarlos para que sean ellos y ellas quienes, en un futuro, asesoren a otros. Con el tiempo asumí ser vicepresidente de la asociación, y desde 2021 soy su presidente. Mi vínculo con Elín y con Ceuta, además de suponer un modo de devolver parte de lo mucho que allí recibí, es mi manera de seguir conectado a la realidad migratoria más concreta, a mi realidad, de recargar pilas reactivando la memoria para no olvidar de dónde vengo, y de anclar con firmeza el objetivo al que quiero llegar.

También colaboro con organizaciones en pro de la justicia social, de denuncia e investigación sobre la vulneración de los derechos de las personas migrantes, como el Centro de Derechos Humanos Iridia, junto con quienes redacté un informe sobre la situación migratoria en las islas Canarias en el invierno 2020-2021. Es mi forma de contribuir para que seamos conscientes de la guerra que la política migratoria europea ha declarado a los inmigrantes. Uso este término bélico porque es el único capaz de explicar la militarización de la frontera con medios cada vez más sofisticados que no sirven para salvar vidas en el mar, sino que empujan a las personas a arriesgarlas y criminalizan a quienes intentan rescatarlas.

En definitiva, combino mi experiencia migratoria con mi formación académica de Educación Social y Relaciones Internacionales, y las encauzo tanto hacia la ayuda más directa, vía Elín, como hacia una actividad de conferenciante en diversos foros y universidades de España, de otros países europeos y africanos, como Senegal y Ghana.

Junto a esto utilizo las redes sociales como herramienta de divulgación para acercar a la gente la historia, la geopolítica y las relaciones internacionales sobre África, a través de nuevas narrativas y visiones, incluyendo las voces de muchos autores y autoras africanos, porque desde mi punto de vista son voces apagadas de manera consciente. En este sentido, en 2021 puse en marcha el pódcast *África en 1 click*.

Vivo estos empeños simultáneos con gran responsabilidad porque cada vez recibo más mensajes de docentes, estudiantes y todo tipo de profesionales que me instan a seguir alzando la voz por la justicia, y eso me hace ser consciente de la repercusión que están adquiriendo mi presencia y mis actividades.

Son muchas las conquistas pendientes en el ámbito del respeto a los derechos humanos de los migrantes. La libertad de viajar en condiciones seguras es, sin duda, una de las principales. Mi vida es la prueba de la criminal sinrazón del sistema de barreras físicas, burocráticas y administrativas. Tras estar a punto de morir ahogado al entrar en Europa, incluso ahora que llevo años en España, no he podido lograr que ni mis padres ni mi hermano Bachir, pese a su sólida posición de periodista en Camerún, consigan el visado para visitarme, al menos, para mi graduación. Y tengo suerte, pues mis dos familias de España siempre me acompañan y consuelan. Pero otros, desgraciadamente, carecen de ese privilegio. Es fundamental reivindicar políticas migratorias orientadas a abrir vías seguras y legales para migrar.

Cuando clamo que los derechos humanos de los migrantes deben ser respetados, cuando analizo los cambios precisos para lograrlo, a menudo se me plantea si barajo la idea de convertirme en político. Creo que, al conocerme y escucharme, la gente nota que, desde muy joven, me han interesado los temas de actualidad, los asuntos internacionales y, sí, la política. Pero ya en la infancia oía aquello que muchos también habrán escuchado de «La política, para los políticos», desafortunada expresión cuyo sentido es alejar a la ciudadanía de la gestión de la cosa pública para dejarla en manos de los políticos profesionales. Nunca estuve de acuerdo con esa concepción. Siempre he sentido que, como decía Aristóteles, los humanos somos animales políticos. Sin embargo, por la naturaleza de la formación que tengo en Relaciones Internacionales, prefiero dedicarme más a la parte técnica de la política o lo relacionado con esta. Me refiero a los trabajos de asesoría como el que desempeñé en el Ministerio de Derechos Sociales y Agenda 2030. Estaba en un viaje a Canarias para dar una serie de conferencias, cuando recibí la llamada de la ministra Belarra, una persona a la que aprecio mucho y con la que había hecho varias colaboraciones cuando ella tenía el cargo de diputada en el Congreso. Coincidimos varias veces en la marcha de El Tarajal en Ceuta. Con aquella llamada me trasladó la oferta de incorporarme a su gabinete como asesor, con unas funciones que me adelantó por teléfono y que posteriormente me detallaron en persona. Me dijo que estaba convencida del valor añadido que podía aportar a su equipo por mi recorrido y formación. Reconozco que era un desafío estimulante, y el hecho de haber terminado mis estudios, estar viviendo en Madrid y, por supuesto, lo que representa trabajar en el gabinete de una ministra, fueron factores que me llevaron a aceptar la propuesta.

Después de esa llamada estuve casi media hora intentando asimilar lo que había ocurrido: no todos los días se recibe la llamada de una ministra con esa propuesta, sobre todo en mi caso, que ocho años atrás estaba encerrado en el CIE (cárcel para inmigrantes) sin haber cometido delito alguno. Fue el mismo año en que se burló de mí el director de aquel centro que trabaja con inmigrantes porque le dije que quería seguir formándome. El día de la llamada fue un momento inolvidable que me hizo revivir todos los pasos que di hasta llegar donde estoy. Mi incorporación fue inmediata. Cogí un tren que iba a trescientos kilómetros por hora con muchas ganas de aportar, pero sobre todo de aprender. Ese proceso me permitió conocer de cerca el día a día de uno de los puestos de máximo rango en la Administración Pública de España.

Es impresionante el nivel de estrés que se gestiona en un gabinete y el poco margen de error del que se dispone, ya que todos los focos están puestos en cualquier acción que derive de nuestra gestión, que a su vez puede tener una repercusión tanto positiva como negativa en la jefa. Mis amistades y familias se pusieron muy contentas cuando se enteraron de esa nueva aventura porque saben lo mucho que suponía para mí estar en ese lugar, como amante de la política. Pude conocer a mucha gente interesante y manejar las políticas públicas desde el interior de la Administración, y acompañar procesos legislativos en todas sus fases.

Mi paso por el ministerio duró solo cinco meses, pero fueron muy intensos, y salí con muchos aprendizajes y con la certeza de que los puestos técnicos son los que a mí me gustan en política. Por eso, cada vez que me preguntan si me veo en política institucional, digo que nunca se sabe, aunque muchos factores serán los que determinarán que un día acabe iniciando o no una carrera política. Me refiero a mis valores y principios.

Asistimos por desgracia, de forma generalizada, a una degradación de la actividad política tal que parece que la condición medular para ser político sea, en vez de querer ayudar a los conciudadanos, ser cínico. Falta vocación de servicio, y da la impresión de que todo vale para ejercer el poder. Con este panorama es difícil contestar con un sí a la pregunta de si me gustaría hacer carrera política. Para lanzarme, por más que suene ingenuo, tendría que estar seguro de que sería para cambiar la política sin que la política me cambiara a mí. De momento, mientras compruebo que ya hay quienes evitan colaborar conmigo por haber considerado en el pasado ir en las listas de Podemos, sigo nutriendo mi convicción de que lo que vemos hoy en el panorama político mundial no representa esa noble profesión, sino que es solo una caricatura de esta, y que las cosas se pueden hacer de modo distinto, mejor.

En España, basta con echar un vistazo a la composición del Congreso de los Diputados para constatar que queda un largo camino por recorrer en materia de representación de la diversidad en órganos políticos hasta equipararse con los estados vecinos. Esa triste realidad tiene su correlato en la imagen que trasladan los medios de comunicación. De entre todas las personas negras que hay en España, casi a la única a la que se le da voz es a la que desempeña el papel del «buen negro» que se posiciona en contra de su comunidad y que pide la deportación de todos los inmigrantes indocumentados a pesar de ser él inmigrante a su vez. ¿Acaso no hay en este país multitud de personas negras que ejercen profesiones diversas? España debe ponerse las pilas para hacer justicia a esos colectivos que, a pesar de llevar tanto tiempo aquí, siguen viéndose reducidos a la etiqueta de «minorías».

Estoy volcado en la defensa de los derechos humanos. Soy una persona muy optimista, pero consciente de que el cortoplacismo no es realista. Ojalá llegue el momento en que defender los derechos humanos no sea necesario porque hayamos conseguido hacer efectivo el artículo 1.º de la DUDH que dice que todos los seres humanos nacemos libres e iguales en derecho y dignidad. No quiero perder la esperanza. Creo profundamente en el multilateralismo cooperativo desde el respeto entre los diferentes actores, sobre todo en un mundo cada vez más conectado e interdependiente. Es a lo que me gustaría dedicarme en un futuro, a fomentar esas relaciones con la mirada puesta, claro está, en el continente africano, donde queda aún tanto por hacer. No quiero, bajo ningún concepto, ser espectador, o peor aún, perderme la emergencia de África, tierra que los jóvenes estamos orientando hacia horizontes más prometedores.

Mi convicción es que el futuro del planeta se jugará en el continente africano. Interpreto la presencia creciente de las grandes potencias en nuestro suelo como prueba palpable de que Occidente es consciente de ello. Un país como Yibuti, en el cuerno de África, acoge más de cinco bases militares, de las cuales tres pertenecen a Francia, China y Estados Unidos, todos miembros del Consejo de Seguridad de las Naciones Unidas. África es una pieza esencial en el tablero mundial del siglo XXI. Estamos en el umbral de una nueva batalla geopolítica para otro nuevo reparto del continente. Ese, que conoció la esclavitud motivada por el capitalismo y después sufrió la colonización a causa de la Revolución Industrial de Europa, está experimentando una tercera revolución: la digital.

Los jóvenes africanos debemos estar atentos para aprender del pasado y no llegar tarde a ese teatro global. La juventud representa cerca del 60 por ciento de la población del continente, y esa es una gran fuerza potencial. Sin embargo, para que esa potencialidad se active, urge abordar los problemas que oprimen a la juventud.

Ni la falta de empleo y oportunidades ni el resto de los grandes desafíos africanos podrán superarse si África no logra solventar su desafío de base en un mundo formado por grandes potencias: vertebrarse con unidad. Cada actor estatal en el continente africano representa un obstáculo para el desarrollo del otro. Es difícil que un país como Níger se desarrolle solo, desde un punto de vista estratégico, porque está enclavado entre siete estados que no le permiten tener acceso al mar. África debe dejar de ser un conjunto desunido y balcanizado con cincuenta y cinco estados empobrecidos, cuando es el continente más rico del mundo. Por eso es fundamental que en nuestros países elijamos a líderes panafricanistas que tengan una visión de conjunto para que el continente pueda presentarse como interlocutor válido y en un solo bloque ante el mundo. La unidad de África es imprescindible para enfrentarse a un panorama dominado por potencias y entidades supranacionales con retos a los que urge hacer frente, como lograr la igualdad de género o evitar el colapso climático.

Tengo mucha confianza en África y en su juventud. Somos conscientes del deber de estar a la altura por cuestiones de supervivencia del continente, y para posicionarlo en el lugar que merece. Nos debemos el dar un salto hacia el futuro y acelerar la historia de nuestra tierra. Jóvenes africanos y afrodescendientes, tanto del continente como de la diáspora, compartimos el desafío del despegue de África. Estemos donde estemos, y sea cual sea el estatus sociolaboral que hayamos alcanzado, nuestro futuro está íntimamente ligado al devenir africano, pues mientras se siga mirando con condescendencia a África se nos minusvalorará y marginará, llegando al punto —increíble pero cierto aún en este siglo xxi— de seguir negando hasta nuestra humanidad y, así, presentarnos como subhumanos, cuyas vidas se pueden marginar, pisotear o incluso segar con impunidad.

Con mi gran esperanza sobre el futuro de África —que comparto con colectivos juveniles cada vez más numerosos y organizados— contribuyo con cuanto está en mi mano. Si hay algo que tengo muy claro es que todo lo que estoy haciendo hoy debe ser mi mayor orgullo cuando eche la vista atrás el día de mañana. África está protagonizando hoy alentadores avances, limitados sí, pero Europa, por más que se empeñe, no logrará invisibilizarlos siempre. Los hijos e hijas de África estamos despiertos y comprometidos, somos muchas manos trabajando juntas, conscientes de que nadie construirá nuestro futuro por nosotros.

El tiempo de hacer real ese futuro es ahora.

Agradecimientos

Esta obra debe mucho a mis padres, porque me regaron todos los días como una semilla, y los frutos que yo pueda dar, hoy o en adelante, no existirían sin su entrega desinteresada. Además, ellos me enseñaron que necesitaría beber de más fuentes para madurar. Me inculcaron el ser abierto, cercano y generoso. Lo más importante para ellos es saber que, pese a ser su hijo, su proyecto, lo que traiga dentro debe estar conectado con los otros, con el mundo.

Agradezco a mis familias, de España y de Camerún, así como a todas mis amistades, todo su apoyo, y que hayan sabido entender mis periodos de ausencia en el camino emprendido, gracias al cual sigo buscando cumplir mi sueño.

Mi más profundo agradecimiento a José Ángel Costa, mi profesor de Filosofía en bachillerato, porque no dejó nunca de creer en mí y de alentarme, por todo el apoyo que me sigue brindando y por ser ya, desde hace años, una figura paterna para mí.

A mis maestros y maestras en esta escuela de la vida, gracias. Un especial agradecimiento a toda la institución de la Universidad Loyola Andalucía. Habéis formado a un ciudadano para el mundo.

Gracias a María Iglesias, amiga y mentora, por acompañarme durante este proceso, pero también por tus valiosos consejos y por los proyectos que nos quedan por desarrollar.

A Xabier Barandiaran, por transmitirme su pasión por el conocimiento en cada conversación que hemos tenido y, por supuesto, por apoyarme en el cumplimiento de mis metas.

Termino agradeciendo y pidiendo a mis ancestros que me sigan transmitiendo energía y sabiduría, que me protejan y que guíen siempre mis pasos.